ICH BIN die Violette Tara
Göttin der Vergebung und Freiheit

Peter Mt. Shasta

Bibliografische Information der Deutschen Nationalbibliothek:
Die Deutsche Nationalbibliothek verzeichnet diese Publikation in der
Deutschen Nationalbibliografie; detaillierte bibliografische Daten sind
im Internet über http://dnb.dnb.de abrufbar.

www.ich-bin-lehre.com
www.i-am-teachings.com

Titel der Amerikanischen Originalausgabe:
I AM the Violet Tara: Goddess of Forgiveness and Freedom
Übersetzung: Reinhold Köglmeier
Lektorat: Susanne Meyer
Umschlaggestaltung: Susanne Meyer
Gestaltung der ICH BIN Gegenwart: Amorea

Printed in Germany
Herstellung und Verlag:
BoD – Books on Demand, Norderstedt

ISBN 9783750494800

Dank

Ich möchte Reinhold Köglmeier herzlich danken, für die Übersetzung ins Deutsche, sowie Susanne Meyer für das Lektorat und die Gestaltung des Buches.

Halte nicht das bloße Wort für den Sinn der Lehre.
Verbinde die Praxis mit deinem eigenen Wesen
und erlange Befreiung von Samsara jetzt sofort.

— Padmasambhava

WIDMUNG

Dieses Buch ist Carl Goldsmith gewidmet, meinem Urgroßvater, der um 1865 als erster anerkannter Amerikaner Tibet besuchte. Die Geschichten seiner Abenteuer im Fernen Osten wurden mir als Kind von meiner Großmutter Hannah Anhalt erzählt, und entfachten ein erstes Interesse in mir, das „Land des Schnees" zu besuchen. Als ich 1994 schließlich durch den steinernen Torbogen nahe des Potala-Palastes in Lhasa schritt, war dieser Traum, die Suche nach der altertümlichen Weisheit Tibets, in Erfüllung gegangen.

INHALTSVERZEICHNIS

Vorwort

Als leuchtende Wesen haben wir mit unserer Entscheidung, von der Frucht des Baumes der Erkenntnis von Gut und Böse zu essen, einiges von dieser Leuchtkraft aufgegeben. Um diese Lektion zu lernen und die Weisheit und das Mitgefühl zu erwerben, die wir anstrebten, traten wir in Tierkörper ein, die ums Überleben zu kämpfen hatten. Damit entstand die Notwendigkeit, diese Körper zu erhalten, und daher kam die Bildung des Ego. Indem sich das Ego mit dem dichten Körper und seinen Bedürfnissen gänzlich identifizierte, behauptete es fast vollständige Kontrolle. Tatsächlich vergaßen wir, wer wir wirklich sind, und begannen uns mit dem Ego zu identifizieren.

Der egoistische Verstand gestaltet Realität in Übereinstimmung mit Grenzen: gut und böse, mein und dein, Freude und Schmerz, richtig und falsch, gut und schlecht. Das Ego macht sich zum Meister des Verstandes, und programmiert ihn entsprechend seiner Bedürfnisse. Dieses Leben in der Dualität führt jedoch nicht zum Glücklichsein. Wir sind verbannt vom Garten Eden in die irdische Welt – in das *Samsara* des Ringens in der Welt von ständig wechselnden Träumen. Die Menschen glauben, *Ich werde glücklich sein, wenn ich alles bekomme, was ich mir wünsche*, aber dieser Augenblick kommt nie.

Gelegentlich machte sich eine tapfere Seele auf die Suche in den Bergen oder in den Tiefen des Waldes, um das Geheimnis des Glücklichseins zu finden. Gelegentlich war eine erfolgreich und erschien mit Hinweisen, um diese mit anderen zu teilen, und im Laufe der Zeit kamen spezifische Lehren zum Vorschein. Einige dieser Lehren wurden zu Religionen kodifiziert, welche schließlich den größten Teil des ursprünglichen Gehaltes verloren und zu Werkzeugen wurden, um den Geist der Menschen zu kontrollieren, anstatt diese zu befreien. Es ist meine Intention, hier einige der alten Lehren zu teilen, die dir dazu verhelfen werden, dich zu erinnern, wer du wirklich bist.

Um dich zu erinnern, wer du bist, musst du den egoistischen Geist verstehen. Er ist ähnlich dem Betriebssystem eines Computers mit verschiedenen vorinstallierten Anwendungen, von denen eine als das Ego operiert. Das Ego kontrolliert viele Unterprogramme wie Emotionen, Gedanken und Glaubensvorstellungen, die bei verschiedenen Gegebenheiten wie Angst, Ärger, Gewalt, Eifersucht, Anhaftung, Begierde, Abneigung, Stolz, Eitelkeit und Faulheit automatisch aktiviert werden – alle diese sind das Ergebnis von Unwissenheit.[1]

Der erste Schritt, dich daran zu erinnern, wer du bist, ist zu wissen, dass der Verstand, die Emotionen, Empfindungen und der Körper nicht du bist – das reale Du ist jenseits all dessen. Sie sind nur Funktionen deines Betriebssystems. Warum sich nicht als der Administrator anmelden und alle diese Aspekte deines Verstandes löschen, die dich davon zurückgehalten haben, mit voller Leistung zu funktionieren, und Freiheit zu erlangen.

Um herauszufinden, wer du wirklich bist, musst du deine Identifikation mit diesem Betriebssystem aufgeben, und deine volle Herrschaft als Administrator geltend machen. Dieser Schritt kann nicht geschehen, während die Ego-Programme geladen und in Betrieb sind. Wenn du versuchst,

---

1 Buddhisten fassen diese zu den Fünf Giften zusammen, die wir in die Fünf Weisheiten verwandeln, während die Bibel von den Sieben Todsünden spricht, im Gegensatz zu den Sieben Tugenden.

den Code zu bearbeiten, wird das System abstürzen, und du wirst funktionsuntüchtig. Wenn du jedoch dein Ego für eine Zeit abschaltest und auf einen Spaziergang in den Wald gehst, dich hinsetzt und meditierst, dann wirst du entdecken, dass dort eine sehr viel größere Welt ist, ein größeres Programm. Du wirst den größeren Geist entdecken – das Bewusstsein selbst, das jenseits der Kontrolle durch das menschliche Selbst liegt.

Der Verstand führt alle Sinnes- und geistigen Daten mit Algorithmen aus, um die Illusion aufrecht zuhalten, dass der Computer die Kontrolle hat. Er berechnet nicht Unbestimmtheit, Ungewissheit oder Mehrfachantworten. Es gibt nur eine richtige Antwort, einen richtigen Weg für alles, und er mag es nicht, unrecht zu haben.

Mystik ist ein völlig fremdes Element für das Ego, weil sie zu keinem Algorithmus passt, noch scheint sie materielles Überleben zu begünstigen, für den Körper von Vorteil zu sein, oder den eigenen materiellen Besitzstand zu vergrößern. Daher versucht der Verstand jede Neuprogrammierung zu vermeiden. Dein Bildschirm mag leer werden; dann musst du den Reset-Knopf drücken. Das bietet dieses Buch an – einen Weg, deinen Geist neu einzustellen.

Den Geist zu resetten, erfordert mutiges Handeln. Es gibt einige Wege, einen 'Reset' zu erreichen, einige davon sind spontaner Natur, aber sie können sich als traumatisch erweisen und sind oft gefährlich.

1. Nahtoderfahrungen: Dein Körper stirbt, und du erfährst bewusste Existenz jenseits von Körper, Ego, Persönlichkeit und dem normalen Verstand. Dann belebt sich dein Körper wieder, und dein System fährt mit einem neuen intuitiveren Betriebssystem

hoch, vorausgesetzt, du erholst dich vollständig.

2. Emotionaler Schock: Jemand stirbt unerwartet, dein Partner verlässt dich, dein Haus wird von einem Erdbeben oder in einem Krieg zerstört, du wirst entlassen und wirst obdachlos. Die Unsicherheit, die durch diesen Schock verursacht wird, zwingt den Verstand, seine Routineprogramme loszulassen und nach einer umfassenderen Sicht der Realität zu suchen.

3. Gnade: Du hast eine plötzliche Einsicht, völlig unabhängig von irgendetwas. Diese kann bisweilen von einem Meister oder von deinem Höheren Selbst gegeben werden, unabhängig von äußeren Geschehnissen. Diese Einsichten können jeden Augenblick und ohne Vorbereitung kommen. Die Zen-Tradition nennt sie *Kensho*-Erfahrungen.

4. Entheogene*: Im Lauf der Geschichte haben naturverbundene Menschen Pflanzenstoffe verwendet, um die Grenzen des rationalen Verstandes zu transzendieren. Viele dieser Stoffe liefern DMT* das gleiche Molekül, das von der menschlichen Zirbeldrüse produziert wird. Diese Substanzen, zum Beispiel bestimmte Pilze und Ayahuasca*, sollten nur genommen werden, wenn unmittelbare innere Füh-

---

* Spirituell nutzbare Substanzen mit halluzinogenen Wirkeigenschaften. [Anm. d. Übers.; Quelle: Wikipedia]

* Dimethyltriptamin

* Ayahuasca: Psychedelisch wirkender Pflanzensud aus der Liane *Banisteriopsis caapi* und *N,N*-Dimethyltryptamin-haltigen Blättern des Kaffeestrauchgewächses *Psychotria viridis*. [Anm. d. Übers.; Quelle: Wikipedia]

rung gegeben ist, und wenn es keine mentalen oder physischen Gegenindikationen gibt.

5. Meditation: Du beruhigst deinen Geist und erkundest die Natur des Selbst. Andere Arten der Meditation sind Licht- und Klang-Meditationen, auch *Vajrayana,* welche die Visualisierung verwendet, Mantras, und Mudras (Rituale oder Handgesten), um das alltägliche Denken aufzulösen. Es gibt auch Zen, und Dzogchen, wobei das Denken im Augenblick beobachtet wird, ohne die Unterstützung durch irgendeine konkrete Praxis.

Ganz gleich, was erforderlich ist, um dich zu erwecken, wenn du die Erfahrung durchstehst, musst du deine neue Wahrnehmung in dein menschliches Leben integrieren. Zu diesem Zweck werden die Praktiken hier angeboten.

EINLEITUNG

Die Eingebung für dieses Buch wurde als unmittelbare Übertragung von Saint Germain[2] gegeben. Er hat den Text nicht gechannelt, sondern wollte, dass ich die Lehre mit meinen eigenen Worten formuliere, was für andere, die den gleichen Weg beschreiten wie ich selbst, leichter zu verstehen sein wird. Der Prozess der Hervorbringung dieser Lehre war auch für mein eigenes Wachstum förderlicher, als wenn er sie diktiert hätte. Wie er oft sagte, „Die Zeit des Channelns ist vorüber. Ihr müsst die Wahrheit in euch selbst finden." Er hat mir jedoch über die Schulter geschaut und mir die Ideen eingegeben, die er verkünden wollte.

Auch wenn die hier vermittelte Lehre in der Vergangenheit in verschiedenen Kulturen bereits existierte, begann Saint Germain in den 1930er Jahren durch Guy Ballard (Godfre Ray King), die Grundlagen für die westliche Menschheit zu veröffentlichen. Die grundlegenden Lehren, die er zu dieser Zeit gab, waren:

1. Gott ist dein eigenes Höheres Selbst[3]

2. Dieses Selbst wird mit den Worten „ICH BIN" in Aktion gerufen. Was auch immer diesen Worten

---

2   Saint Germain ist der Aufgestiegene Meister-Chohan (Leiter) des Siebenten Strahls, auch bekannt als der Violette Strahl. Er ist jenes Mitglied des Aufgestiegenen Rates des Lichts (Große Weiße Bruderschaft), das in den letzten Jahrhunderten speziell für die Freiheit und Befreiung der Westlichen Zivilisation gearbeitet hat. Er weilt in den ätherischen Bereichen, doch manifestiert er sich nach Bedarf als physische Gegenwart.

folgt, wird sich manifestieren.

3. Durch das Reinigen deines *Karma*, den negativen Konsequenzen deiner vergangenen Handlungen, kannst du aufsteigen und dich mit deinem Höheren Selbst vereinigen.[4]

4. Du kannst dich mit einem Aspekt des Bewusstseins, bekannt als die Violette Verzehrende Flamme, reinigen.

Weitere Lehren wurden auf Wunsch von Saint Germain in meinem Buch, *In Tibet auf der Suche nach dem geheimnisvollen wunscherfüllenden Juwel,* vorgestellt.* Diese *tantrischen* Lehren zur Anrufung der Violetten Tara führen fortgeschrittene Elemente zur Reinigung des Geistes ein, um Befreiung zu erlangen.[5] Obgleich Erleuchtung durch andere Methoden – sogar spontan – erlangt werden kann, behandeln die hier angebotenen Methoden eine Abfolge von Schritten,

---

3   Die drei Körper des Selbst, die im Buddhismus beschrieben sind, sind Nirmanakaya (persönliches Selbst), Sambogakaya (höherer Mental-körper oder Seele), und Dharmakaya (ICH BIN-Gegenwart oder *Atman* in Sanskrit).

4   Der Aufstieg ist ein Vorgang, der in Tibet als *Jalus* bekannt ist.

*   Amerikanische Ausgabe: *My Search in Tibet for the Secret Wish-Fulfilling Jewel,* Church of the Seven Rays, 2016.

5   *Tantra* (Sanskrit: ungebrochener Bewusstseinsstrom) ist eine andere Bezeichnung für *Vajrayana* (Sanskrit: Fahrzeug des Blitzes oder Diamantfahrzeug). Dies ist das dritte Fahrzeug des Buddhismus; die ersten zwei sind, *Theravada* (später *Hinayana* genannt), das sich auf geschriebene Vorschriften stützt, um persönliche Befreiung zu erlangen, und *Mahayana* (der Weg des *Bodhisattva*), die Hingabe, um Erleuchtung zum Wohle aller fühlenden Wesen zu erlangen, statt nur für sich selbst.

denen bewusst gefolgt werden kann; durch die Jahrhunderte hat sich erwiesen, dass diese verlässliche Ergebnisse liefern.

Das Hauptproblem, das sich mir bei der Darstellung dieser Lehre in der heutigen Sprache stellte, ist, dass das gegenwärtige Zeitalter ganz anders ist als Indien und Tibet im neunten Jahrhundert, als viele dieser Lehren erstmals schriftlich festgehalten wurden. Erleuchtete Siddhas, Lamas oder Gurus, die einem Ermächtigung verleihen, die lehren oder, wenn nötig, Fragen beantworten, sind nicht mehr so leicht zu finden. In gewissem Sinne ist das ein Segen, denn es zwingt dich, nach innen zu gehen und mit dem Inneren Guru, der ICH BIN-Gegenwart, die immer da ist und auf dich wartet, Kontakt aufzunehmen.

Du kannst dich auch direkt mit den Aufgestiegenen Meistern in Verbindung setzen, die ich hier den Aufgestiegenen Rat des Lichts (früher die Große Weiße Bruderschaft genannt) nenne, und sie persönlich um Hilfe bitten, statt dich auf einen Lama oder Guru zu verlassen, die nicht unfehlbar und oft nicht greifbar sind, wenn man sie braucht. Die Aufgestiegenen Meister stehen immer zur Verfügung.

Das Entscheidende dabei ist jedoch, zu lernen, wie man Ihre Antwort erkennt, wie auch die des eigenen Höheren Selbst, welche oft als ein einfaches Drängen im Herzens kommt – oft *die leise, feine Stimme* genannt. Sei versichert, ob du es wahrnimmst oder nicht, jeder von uns steht unter der Führung von mindestens einem dieser großen Wesen. Die gesamte Menschheit lebt in Ihren Ashrams und wird von Ihnen bewacht, wie Eltern über ihr Kind wachen.

Anstelle vieler Sanskrit-Bezeichnungen wie *Lama, Yidam* und *Dakini,* die wesentliche Bestandteile des Tantra-Yoga sind, habe ich gebräuchlichere Westliche Bezeichnungen verwendet. Von diesen drei Bestandteilen habe ich nur *Yidam* (Meditationsgottheit) beibehalten, da es keine genaue westliche Entsprechung gibt. Es ist eine Gottheit, die wir mit unserem eigenen Bewusstsein in der Art einer Gedankenform erschaffen. Wie wirklich diese Gottheit wird, liegt an uns.

Die Bezeichnungen für die Drei Juwelen, *Buddha, Dharma und Sangha,* wurden ebenfalls in neuzeitliche spirituelle Begriffe übersetzt. Das Bildnis des in Meditation sitzenden Buddha ist ein Platzhalter und steht für ein erwachtes Wesen, und repräsentiert nicht den historischen Shakyamuni Buddha, der jetzt ein Aufgestiegener Meister ist. Auf diese Weise habe ich den Aufgestiegenen Meister ausgetauscht, der gegenwärtig ist und deine Gebete hören kann, und der ein Ideal darstellt, das du anstreben kannst.

Die Bezeichnungen *Dakini* und *Daka* (Sanskrit: Himmelstänzer) sind schwieriger zu ersetzen, da sie nicht nur Aufgestiegene Meister repräsentieren, sondern alle, die Weisheit und Erleuchtung übermitteln, einschließlich menschlicher Lehrer, und gelegentlich einen Freund, Partner oder sogar einen Fremden.

Schließlich habe ich Vajrasattva, den Yidam, den Tibeter als die Quelle aller Götter visualisieren, durch die ICH BIN-Gegenwart ersetzt. Da es das ICH BIN-Bewusstsein ist, das ohnehin alles erschafft, warum statt einer vermittelnden Gottheit nicht direkt die ICH BIN-Gegenwart visualisieren? Wir rufen dann die Violette Tara unmittelbar an – aus uns selbst heraus.

Da sie eine Manifestation der Göttlichen Mutter ist, die überall ist, kann sie sich natürlich spontan zeigen. Der Kern bei dieser Praxis ist, dass du, da alles, was du wahrnimmst, von deinem eigenen Geist erschaffen und qualifiziert ist, durch das bewusste in Aktion rufen der Violetten Tara ihre Qualitäten der Vergebung und des Mitgefühls zu manifestieren beginnst – und deine eigene Selbstmeisterschaft und Freiheit erlangst. Diese Art der Visualisierung ist ein Schlüsselelement in der Tibetischen Buddhistischen Praxis.

PROLOG

Aus dem Meer des Bewusstseins entspringen das Bewusstsein der Liebe und des Denkens – als unterschiedliche Aspekte des Einen. Ähnlich wie das Licht und die Wärme der Sonne als verschieden wahrgenommen werden, auch wenn sie die gleiche Quelle haben. Aus dieser freudigen Geburt des dualen Bewusstseins tritt der Klang hervor: Om – der uranfängliche Ton – gefolgt von den Schwingungen, die heute als das Alphabet des Sanskrit bekannt sind.[6] Dann kamen die sieben Strahlen des Bewusstseins hervor, welche, wenn sie in die Dichtheit der Atmosphäre eintreten, manchmal als die sieben Farben des Regenbogens in Erscheinung treten. Einer manifestiert sich als Viele. Bewusstsein manifestiert sich als Klang, Licht, und als die Farben: rot, orange, gelb, grün blau, violett und indigo. Es manifestiert sich auch in den dichteren Ausdrucksformen der Elemente: Erde, Wasser, Luft, Feuer, und Äther; und aus diesen Bestandteilen kam alles hervor, was ist.

Aus diesem Bewusstsein von Mutter-Vater-Gott wurden die Kinder Gottes geboren, wie Strahlen der Sonne, die in alle Teile der Schöpfung strahlen. Diese Sonnen Gottes, vom Schöpfer ausgestattet mit Selbst-Willen, begannen diesen Willen zum Ausdruck zu bringen, wohin sie auch gingen, und erschufen und experimentierten selbstständig. Jene, die in Tierkörper eingingen, wurden als Menschheit

---

6 In allen Ländern der Welt machen Kleinkinder die gleichen ersten Laute, unabhängig von der Muttersprache; Laute, die die Grundlage für Selbstlaute und Mitlaute im Sanskrit sind: Ah, Ee, Oo, Um, Ma, Pa, Da, Ka, usw.

bekannt. Dieses Geschlecht, das Dualität nie gekannt hatte, hatte das Begehren, die Natur von Gut und Böse kennenzulernen. Die Lichtwesen, die in den höheren Welten blieben, nennen wir Engel (Griechisch: Boten), oder *Devas* (Sanskrit: die Leuchtenden).

Wenn das Verständnis der Natur von Gut und Böse einmal erlangt ist, und die daraus folgende Weisheit und das Mitgefühl in die Praxis umgesetzt ist, können wir „vom Baum des ewigen Lebens essen", und wieder als Lichtwesen aufsteigen – und ein Aufgestiegener Meister werden. Diesen Vorgang des Aufsteigens nennt man in Tibet die Erlangung des Regenbogenkörpers (Tibetisch: *Jalus*). Die Christliche Bibel spricht von dem Aufstieg mehrerer Wesen, darunter Enoch und Jesus:

Enoch wandelte mit Gott, und Gott nahm ihn hinweg,

und er ward nicht mehr gesehen.

– Genesis 5:24

Während sie schauten, wurde er aufgehoben;
und eine Wolke nahm ihn vor ihren Augen weg.

– Apostelgeschichte 1:9

Dieser Vorgang des Aufstiegs steht allen zur Verfügung – und findet zu einem gewissen Grad immer dann statt, wenn unsere Aufmerksamkeit nach innen, der Quelle zugewendet wird. Allein das Vertieftsein in deine Gedanken und Emotionen hält dich davon ab, deine Erleuchtung zu erkennen. Worauf deine Aufmerksamkeit liegt, das wirst du, wenn also deine Aufmerksamkeit auf Zorn liegt, wirst du zornig. Diese Dynamik wird von deinem Ego gesteuert, das deine Wahrnehmungen und Einbildungen vorschreibt. Wenn jedoch deine Aufmerksamkeit auf das Licht gerichtet ist, wirst du das Licht; wenn sie auf die Liebe gerichtet ist, wirst du Liebe. Jeden Morgen vor dem Aufwachen bist du in einem Zustand der Leerheit, des Nicht-denkens, aber sowie deine gewohnheitsmäßige Persönlichkeit zurückkommt, bist du zurück in der ewig wechselhaften illusionären Welt des *Samsara*. Daher erwachst du nur durch Beruhigung des Denkens aus dem Traum deiner Persönlichkeit, und erkennst, dass du diese nicht bist. Dein wahres Selbst ist jenseits aller Gedanken, Empfindungen und Auffassungen – und es ist ewig glücklich.

Um zu dieser Leerheit zu gelangen, musst du die Matrix – die Illusion, die du dein 'Selbst' nennst – abbauen. Diese Dekonstruktion wird in der Meditation erreicht – indem du erkennst, dass dein Leben ein Traum ist, den du ändern kannst. Du kannst diesen Traum abbauen und wieder aufbauen, wie du es wünschst. Auf diese Weise dringst du in das Herz der Realität ein und erlangst in dieser Realität Meisterschaft.

Meisterschaft erlangt man nicht durch das Ansammeln von mehr Informationen, nicht durch das Aufnehmen gechannelter Botschaften, oder indem man zu Füssen eines Gurus sitzt. Selbst-Meisterung ist ein schlichtes Konzept, doch erfordert sie Anwendung in jedem Augenblick. Jeder Gedanke und jedes Gefühl muss beachtet werden. Du musst einfach deinen Geist auseinandernehmen und wieder zusammenstellen, und niemand anderes kann das für dich tun. Die hier vorgestellte Praxis des Anrufens der Violetten Tara – das Erkennen des Einsseins mit Ihr – das Manifestieren Ihrer Aktivität – und das letztendliche Wiedererscheinen als ein erneuertes Selbst – wird dir helfen, Meisterschaft zu erlangen. Sie wird auch die Aktivität der Violetten Verzehrenden Flamme freisetzen, welche die Menschheit reinigt.

Während du den unaufhörlichen Gedankenfluss verlangsamst, beginnst du die Lücke zwischen den Gedanken zu erleben, und du lernst in dieser Lücke zu verweilen. In dieser Lücke ruhst du in zeitloser Wahrnehmung und erfährst dein grundlegendes Gutsein. Du findest darin auch dein Einssein mit anderen – ungeachtet der Erscheinungen – weil alle der selben Quelle entspringen. Wir sind alle Kinder des selben Gottes, Figuren im selben Traum – und all diese Figuren in dem Traum sind Abbilder von uns selbst – ausgestattet mit grundlegendem Gutsein.

In der Meditation taucht die Frage auf,

Wer bin ich?

Die Antwort auf diese Frage findest du nur, indem du prüfst,

Wer ist es, der das wissen will?

Bei diesem Vorgang der Selbstbefragung findest du den Beobachter, der jenseits aller Gedanken, Emotionen und Handlungen ist. Du hast in jedem Moment die Wahl, dich mit der Persönlichkeit zu identifizieren, die auf Stimuli reagiert, oder mit dem unpersönlichen Selbst, das die Stimuli beobachtet. Während du einen aufregenden Film anschaust, magst du vergessen, dass du nur ein Zuschauer bist und so reagieren, als wärst du eine Figur in dem Film –

aber du bist nur ein Beobachter in einem Theater, der Lichtbilder auf einer Leinwand wahrnimmt. In der gleichen Weise kannst du das Leben als einen Film betrachten – und du brauchst nicht zu reagieren.

Wer bist du? Welche Rolle spielst du? Warum? Kannst du die nächste Szene ändern? Wer ist der Drehbuchschreiber deines Lebens, wer der Produzent, und wer der Regisseur? Wer sind die anderen Darsteller? Gibt es überhaupt einen „anderen"? Bei der Beantwortung dieser Fragen erwachst du zu deinem Wahren Selbst. Du beginnst, die Hauptrolle in deinem Film bewusster zu spielen. Indem du erwachst, hilfst du anderen, zu erwachen.

DIE GÖTTIN TARA

Tara wurde überall in Asien seit tausenden von Jahren als der weibliche Aspekt Gottes betrachtet – als die Göttliche Mutter. Als Mutter wacht sie über alle ihre Kinder und empfindet Mitgefühl für sie. In ihrer Erscheinung als Violette Tara löst sie negative Energie auf, wandelt karmische Konsequenzen vergangener Handlungen um, und hilft Menschen, für andere Vergebung zu empfinden. Wie Saint Germain – der Aufgestiegene Meister, der den Violetten Strahl für die Erde leitet – beseitigt sie emotionale Hindernisse zur Freiheit.

Nachdem ich die erste Version dieses Buches geschrieben hatte, erhielt ich ein Exemplar eines Chinesischen Textes aus dem elften Jahrhundert, in dem die Herrscherin des Violette Lichts, ein Unsterbliches Wesen erwähnt wird, die einer Taoistischen Poetin namens Sun Bu'er Anleitungen gab, wie sie selbst unsterblich werden und den Aufstieg erlangen könne.[7] Die Taoisten betrachteten Violett als die Farbe, die mit dem höchsten Bewusstseinszustand in Verbindung gebracht wird, und als ein Zugang zu Himmlischen Bereichen.

Tara bedeutet im Sanskrit „Stern", aber als Verb bedeutet es auch „überqueren". Als der Nordstern hilft sie Seefahrern in der Nacht zu navigieren, so hilft sie uns gewissermaßen, das Meer der Illusion, genannt *Samsara*, zu überqueren. Eine andere Übersetzung ist „Pupille des Auges"; so ist sie eine, die das Allsehende Auge besitzt und ständig

---

7   Thomas Cleary, *Immortal Sisters: Secret Teachings of Taoist Women*; Dt.: *Das Tao der weisen Frauen*, Aurinia, 2013.

über ihre Kinder wacht. Sie befreit uns nicht nur von der Illusion der Dualität, sondern löst alle negative Energie auf und hebt uns in eine höhere Schwingungsfrequenz.

Sie ist allgegenwärtig und erscheint spontan – sie ist ein Teil unseres eigenen Bewusstseins – immer darauf wartend, von uns angerufen zu werden.

Alle Kulturen, außer der gegenwärtigen Jüdisch-Christlichen, erkennen den dualen Aspekt der Schöpfung an, dass alles aus dem weiblichen und männlichen Aspekten zusammengesetzt ist; daher haben sie die Göttliche Mutter anerkannt und verehrt – ein mitfühlendes Wesen, das ihren Kindern hilft, wo und wie auch immer sie kann. Sie ist eine Verbündete aller Frauen, und schafft Respekt für das weibliche Prinzip, und stellt für Frauen überall Chancengleichheit her. In der Tibetischen Kultur glaubt man, dass sie einundzwanzig unterschiedliche Formen ausstrahlt; weiß, grün, rot, usw., und jede verfügt über besondere Funktionen und Praktiken; obwohl neben Weiß, Rot und Grün keine weiteren Farben angegeben werden. Dies ist das erste Mal, dass die Göttin in ihrem Aspekt als Violette Tara offenbart wurde.

In der Tibetischen Literatur wird berichtet, dass Tara auf einem entfernten Planeten geboren wurde, und ihr ein Mönch begegnete, der sagte, „Wie schade, dass du eine Frau bist, denn in dieser Form kannst du keine Befreiung erlangen." Sie antwortete, „Ich schwöre, dass ich nicht nur als Frau Freiheit erlange, sondern dass ich mich in allen zukünftigen Leben auf allen Planeten als weibliche Form verkörpern werde, bis Samsara entleert ist."

In einem nachfolgendem Leben verkörperte sie sich auf der Erde, und als sie Shariputra begegnete, einem der wichtigsten Schüler von Shakyamuni Buddha, wunderte sie sich über ihn, als sie ihn eine ähnlich begrenzte Ansicht über Frauen äußern hörte. Nachdem sie ihm geduldig zugehört hatte, machte sie von ihrer außerordentlichen Kraft Gebrauch und verwandelte ihn in eine Frau. Dann verwandelte sie sich in einen Mann, der Shariputra ähnelte. „Nun, wie fühlt es sich an, eine Frau zu sein?", fragte Tara vergnügt, „Ist das Bewusstsein dasselbe oder anders?"

„Das Bewusstsein ist dasselbe in beiden Formen," antwortete er verwundert. Dann verwandelte sie beide zurück in ihre ursprüngliche Form und sagte im Weggehen,

Ich werde mich weiterhin als Frau manifestieren, bis alle Wesen erkennen, wie du gerade, dass Bewusstsein die Form transzendiert.

Mit diesem Ausruf verschwand sie. Sie erscheint nun allen, deren Geist offen ist, wo immer sie gebraucht wird.

ANRUFUNG

Geliebte Göttin Tara,
Mutter der Violetten Flamme der Vergebung,
Hilf uns, die Illusionen der Welt zu überwinden,
Befreie uns von Unwissenheit und hilf uns
Erleuchtung zu erlangen.
Gewähre uns die Fähigkeit, zu vergeben und
Mitgefühl für andere zu empfinden.
Beseitige alle negative Energie und erhöhe unser Bewusstsein.
Wir beten zu dir, komme jetzt zu uns, Violette Tara —
Mutter des Violetten Feuers.

DIE WIDMUNG DES VERDIENSTES

Verdienst sollte nicht als Auszeichnung verstanden werden, sondern als eine durch spirituelle Praxis erworbene Energie. Ein Evolutionssprung geschieht, wenn du diese Energie dem Wohl anderer widmest.

Welche Tugenden auch immer ich erlangt habe,
während all meiner vielen Leben bis zu diesem Augenblick,
einschließlich des Verdienstes, den diese Praxis hervorbrachte,
und alles, was ich jemals erlangen werde,
das biete ich allen fühlenden Wesen an zu ihrem Wohl.
Mögen Krankheit, Krieg, Hunger und Leiden
für jedes Wesen vermindert werden,
während ihre Weisheit und ihr Mitgefühl zunehmen
in diesem und in jedem zukünftigen Leben.
Möge ich alle Erfahrungen
als unbedeutend wie ein Traumgebilde der Nacht
klar erkennen, und sofort erwachen,
um die reine Weisheit zu erkennen,
die sich im Aufkommen jeder Erscheinung zeigt.
Möge ich schnell Erleuchtung erlangen, um ohne Unterlass
für die Befreiung aller fühlenden Wesen zu wirken.
So sei es!

Die grundlegendste aller spirituellen Praktiken ist die Betrachtung der **Vier Edlen Wahrheiten:**

1. **Leben ist Leiden** für einen unerleuchteten Menschen, der versucht, Glück in etwas zu finden, das nicht dauerhaft ist.

2. **Leiden wird verursacht durch Anhaftungen**, besonders beim Verfolgen seiner Wünsche.

3. **Es gibt einen Weg**, das Leiden zu transzendieren:

4. Dieser **Achtfache Weg** ist keine Religion, sondern eine Methode der Selbstentwicklung, die zu Weisheit, Mitgefühl und Freiheit führt. Diese acht Praktiken bilden den Weg zur Erleuchtung:

1. **Verstehen** der Natur der Realität.

2. **Rechtes Denken** im selbstlosen Dienen, der Liebe und des Mitgefühls.

3. **Rechte Rede**; nur die Wahrheit sprechen und Geschwätz, verletzende Worte und übermäßiges Reden vermeiden.

4. **Rechte Handlung**; nur das tun, was allen nutzt.

5. **Rechtes Streben**; sich unablässig einsetzen auf diesem Weg der Selbst-Entwicklung.

6. **Rechter Lebenserwerb**; einen ehrbaren Beruf ausüben, zum Nutzen der Gesellschaft.

7. **Selbstüberwachung** der eigenen Gedanken, und

8. **Meditation,** die zum Stillstand der Gedanken und Vereinigung mit dem unbegrenztem Bewusstsein führt.

Zuflucht nehmen

Um auf dem Pfad des Erwachens zu beginnen, gehst du eine formale Verpflichtung ein, was man Zuflucht- nahme nennt. Traditionell wird diese gegenüber einem Lama oder einem anderen autorisierten Lehrer gegeben; je- doch kann diese Verpflichtung auch auf innerer Ebene ei- nem Aufgestiegenen Meister gegenüber gegeben werden. Zuflucht bedeutet nicht, sich zu verstecken, sondern ein Versprechen zu geben, sein Leben dem Erwachen zu wid- men. Um diesem Weg zu folgen, verpflichte dich zu:

1. **Budhha:** Das Erwachen zu deinem Wahren Selbst.

2. **Dharma:** Praktiziere die Lehren, die zum Erwachen führen.

3. **Sangha:** Geh auf deinem Weg mit den Aufgestiege- nen Meistern sowie anderen Mitpraktizierenden.

WESENTLICHE PRAKTIKEN[8]

U m den Geist zu beruhigen, damit man seine Gedanken beobachten kann, ist die grundlegendste Praxis das *Shamatha* (Pali: Ruhe ertragen), die im Beobachten des Einatmens und Ausatmens besteht. Dieser folgt und diese ist kombiniert mit *Vipassana* (Pali: Einsicht, Erkennen), die Erkundung der Natur des eigenen wahren Selbst.

Wer er ist es, der die Gedanken beobachtet?

Erst nachdem der Prozess der Beruhigung des Denkens und des Untersuchens der eigenen wahren Natur aufgebaut und stabilisiert wurde, solltest du die tantrische Meditation *(Vajrayana)* beginnen. Ohne grundlegende Achtsamkeit aufzubauen, kannst du dich in einen Traum von Göttern und Göttinnen verirren, ohne jemals dazu zu erwachen, wer du bist. Sobald die Selbsterkenntnis aufgebaut ist, kannst du die Gottheiten als Aspekte deiner selbst betrachten.

Während du im Erwachen voranschreitest, siehst du, dass dein Traum aus Bestandteilen (Sanskrit: *Skandhas,* Daseinsgruppen) besteht, die einen Einfluss darauf haben, wie dir die Dinge erscheinen. Du erkennst, dass du das Leben durch den Filter der Gedanken, Gefühle, Emotionen und der fünf Sinne wahrnimmst – es sind Wahrnehmungen, die möglicherweise keinen Anschein von äußerer Wahrheit ha-

---

8   Ausführlichere Anweisungen für diese Praktiken habe ich in meinem Buch, *ICH BIN Affirmationen und das Geheimnis ihrer erfolgreichen Anwendung,* Bod, 2015, gegeben. Eine unmittelbare Anwendung wird in den meisten Zentren von Shambhala.org angeboten.

ben. Doch wenn du diesen verschiedenen Stimuli ausgesetzt bist, reagierst du auf diese entsprechend, je nachdem, wie du durch vergangene Erfahrung programmiert wurdest.

Diese Daseinsgruppen der Wahrnehmung sind wie vorinstallierte Software-Anwendungen im Computer deines Denkens, die durch vergangene Erlebnisse programmiert wurden und durch falsche Daten der Gegenwart abgerufen werden. Diese Anwendungen müssen entweder neu programmiert oder ganz gelöscht werden.

Wenn du beispielsweise in einem früheren Leben Seemann warst und bei einem Schiffbruch ums Leben kamst, ist es möglich, dass du eine Abneigung gegen das Meer hast; wenn du hingegen in der Wüste gelebt hast, mag dir das Meer wie ein Paradies vorkommen. Das Meer an sich ist weder gut noch schlecht, weder angenehm noch unangenehm; deine Wahrnehmung des Meeres ist einfach auf deiner vergangenen Erfahrung begründet. Jede Person besteht aus diesen vorprogrammierten Zuneigungen, Abneigungen und Konzepten. Anstatt der Selbsttäuschung zu erliegen, du seist der oder die Einzige in Besitz der Wahrheit, kannst du diese mentalen Filter in Aktion beobachten – wie Wolken, die vor der Sonne vorbeiziehen – und in nicht-reaktiver und begriffsloser Wahrnehmung ruhen.

Um ein weiterer Beispiel zu nennen, stell dir vor, du gehst einen Waldweg entlang und siehst plötzlich eine Schlange, aufgerollt und im Begriff anzugreifen. Du hast Angst und springst erschrocken zur Seite. Du fragst dich, *verfolgt sie mich?* Du schaust dich um. Sie ist immer noch da, zusammengerollt, bewegungslos harrend, um dich anzugreifen. *Ist sie giftig?* – Nun siehst du, dass es keine Schlange ist, sondern ein Stück Seil! Obwohl die Schlange nicht wirklich war, verursachte sie eine wirkliche Reaktion. Dein Glaube verursachte deine Angst, so sehr, dass dein Herz raste. Du hättest einen Herzinfarkt bekommen und sterben können, wegen deines Glaubens!

Deshalb musst du deine Wahrnehmungen prüfen, um zu sehen, welche real sind und welche illusionär, und letztlich wissen, dass alle Wahrnehmungen lediglich Bestandteile deines Traumes sind. Dann wirst du Meister deines eigenen Denkens. Du wählst, welche Bilder du als Wirklichkeit in deinem Leben haben willst. Diese Übung der Selbst-Erforschung ist die Vorarbeit zur eigentlichen Praxis des *Tantra*.[9]

Tantra befähigt dich zu der Macht, in deinem Traum der zu sein, der du sein möchtest. Was willst du? Du kannst ein Opfer sein und bei anderen Mitleid erregen, solange es dir beliebt; oder vielleicht möchtest du lieber Vorstandschef eines Unternehmens sein, dessen Selbstwert von Verkaufszahlen bestimmt wird; oder du könntest mitfühlend sein, und anderen helfen – wähle deinen Traum! Jeden Morgen, wenn du aufwachst, triffst du gewohnheitsmäßig dieselbe Auswahl, die dich zur selben Person macht, obwohl du das ändern könntest. Wenn du dich ändern willst, dann musst du diese mentalen Gewohnheiten loslassen. Schau auf die Bestandteile, die deinen Verstand und deine Persönlichkeit ausmachen, und löse die Dinge auf, die du nicht willst, und erschaffe dich neu, als ein Meister.

Jeden Morgen werden wir von Reizen bedrängt, die die gleichen Überlebensreaktionen auslösen wie bei der Sinnes-

---

9 Im *Tantra* (Sanskrit: Kontinuität, ungebrochenes Netz) sehen wir, dass alles ein Aspekt von uns selbst ist, und können somit alles für die Arbeit an uns selbst verwenden, und im Bewusstsein erwachen.

36

täuschung durch die Schlange. Vielleicht ist es ein Bericht in den Nachrichten, der dich ärgert, doch eine andere Person, mit anderen installierten Anwendungen, anderen programmierten Daseinsgruppen, freut sich über diese Nachrichten. Später findest du heraus, dass die Geschichte unwahr war – eine Falschmeldung; nun bist du glücklich und die andere Person ist verärgert, nicht aufgrund der Realität, sondern aufgrund einer vorprogrammierten Wahrnehmung. Also, kontrolliere dein Denken, um deine Wirklichkeit zu kontrollieren. Es liegt ganz bei dir, wie du auf Reize reagierst. Willst du ständig von äußeren Ereignissen manipuliert werden? Oder würdest du deine eigene Bestimmung lieber selbst kontrollieren? Um deine Bestimmung zu ändern, schaue einfach auf dich selbst.

Schaue in diesem gegenwärtigen Augenblick auf dich selbst und frage,

Was fühle ich?

Beschreibe deine Gefühle für dich selbst. Anfangs mag deine Beschreibung einige Minuten in Anspruch nehmen. Reduziere nun deine Beschreibung auf drei Worte: „Ich fühle ..." (Versuche, nicht die Formulierung „ICH BIN" zu verwenden, denn die Worte „ICH BIN" verstärken das, was immer ihnen nachfolgt). Du kannst zum Beispiel sagen, „Ich ging auf einem Waldweg, sah eine Schlange und geriet in Panik, aber die Schlange war nur ein Seil; ich dachte jedoch, ich würde sterben und geriet in Panik." Dann verkürze diese Beschreibung einfach zu, „Ich spürte Angst", dann einfach zu, „Angst". Während du das tust, beobachte dein Ein- und Ausatmen immer wieder. Während du ruhiger wirst, fahre fort, deine Emotionen zu beobachten, bis die

Emotion abklingt. Dann affirmiere,

Mir wird gezeigt, was ich aus dieser Erfahrung lernen kann.

Oder du kannst dich fragen,

Ich habe diese Situation erschaffen, um ... zu lernen?

Vervollständige den Satz und sieh, welche Gedanken, Worte und Gefühle aufsteigen. Analysiere nicht – schaue einfach, was auf natürliche Weise im Bewusstsein aufsteigt. Zum Beispiel könnte die Erkenntnis aus der Begegnung mit der eingebildeten Schlange sein:

Ich habe diese Erfahrung erschaffen, um zu erkennen, wie leicht ich von Sinnestäuschungen, die keine Grundlage haben, beeinflusst werden kann.

Schaue auf die Angst, die du spürtest. Betrachte sie als einen Mechanismus, der weder gut noch schlecht ist, der einfach nur deinen Körper schützen und das Leben verlängern wollte. Dann frage,

Was bedroht mich noch?
Wann fühle ich mich bedroht?
Wie reagiere ich?
Basiert diese Reaktion auf Wissen
der absoluten Wahrheit in dieser Situation?

Du könntest dich fragen: Fühlt sich mein Partner zu jemand anderem hingezogen? Wird mein Chef mich entlassen? Bricht die Wirtschaft zusammen? Wird die Welt bald untergehen? Dein Körper-Verstand funktioniert auf der Basis von Wahrnehmungen, nicht auf Gewissheiten, und die Wahrnehmungen sind sehr oft teilweise falsch – oft gänzlich falsch. Erinnere dich an das Seil, das du als Schlange wahrgenommen hast. Anstatt an dem Trauma festzuhalten, kannst du es freisetzen mit Gedanken wie diesen etwa,

Es war für mich noch nicht die Zeit zu sterben.
Selbst wenn mein Körper stürbe, würde ich dennoch leben.
Ich bin dankbar, an die Kostbarkeit des Lebens erinnert zu werden.

Ich sehe, wie leicht ich mich irren kann.

Ich werde jeden Augenblick nutzen, um meine Sinnestäuschungen über Menschen, die ich fürchte, zu durchschauen, sodass ich deren Wahre Natur sehe und für sie Mitgefühl empfinde.

Nun komme zurück zum gegenwärtigen Augenblick. Beobachte dein Einatmen und Ausatmen. Fühle die Stille, während sich deine Gedanken verlangsamen und deine Aufmerksamkeit zwischen den Gedanken zur Ruhe kommt. Erfahre die Stille des einfachen Gewahrseins, frei von Gedanken. Beobachte dich.

Manche Situationen sind komplizierter als die mit der Schlange, besonders Beziehungen; aber die Lösung ist die selbe. Beschreibe die Situation. Was fühlst du? Reduziere die Beschreibung auf einen Satz, „Wenn die andere Person dies tut, fühle ich ...". Verkürze ihn weiter zur grundlegendsten Emotion wie: Zorn, Angst, Schmerz, Einsamkeit, Verwirrung, Zurückweisung, Beurteilung, Beleidigung, Verlassensein, und so weiter... Halte dich daran, es als Bild zu betrachten, von dem du getrennt bist, als würdest du einen Film anschauen, in dem du und die andere Person Figuren sind, und du fragst dich, „Was ist der Zweck diese Szene? Was hatte der Regisseur hier im Sinn? Allerdings bist du der Regisseur! Du kannst jeden Moment „Cut!" rufen! Wir spielen die Szene nochmals, aber anders ... wieder und wieder, bis wir sie richtig hinbekommen."

Deine Emotionen sind dunkle Wolken, die vor dem Antlitz der Sonne vorüberziehen. Wenn die Emotion stark ist, konzentriere dich mehr auf die Beobachtung des Atems, bis du sie handhaben kannst. Erkenne,

Dies ist ein Traum, aus dem ich jetzt erwache!

Währen du immer länger im Frieden zwischen den Wogen der Emotionen ruhst, gehst du zurück zu der Aussage, „Ich fühle ...". Diese Selbstuntersuchung ruft deinen inneren Therapeuten auf – den Inneren Guru. Indem du von dem leeren Gewahrsein zu den Gedanken und Emotionen hin und her wechselst, wird die Ladung des Geschehnisses abklingen.

Betrachte die Situationen, in denen du gewohnheitsmäßig reagierst – und wie du deine automatischen Antworten neu programmieren kannst. Während du mehr und mehr in der Stille ruhst, wird sich diese Ruhe in das tägliche Leben übertragen. Wenn das nächste Mal dieses Geschehnis vorkommt, wird deine Reaktion geringer sein, bis du schließlich gar nicht mehr reagierst. Du wirst vielleicht merken, dass du über das Verändern deiner Reaktionen hinaus bestimmte Handlungen ausführen musst, wie: deine Gefühle zu kommunizieren, einen Wunsch zu artikulieren, um auf die Dynamik einzuwirken, oder sogar die Beziehung zu beenden. Das bedeutet, dass du dein Streben nach Erleuchtung nicht dazu verwendest, Emotionen im realen Leben zu umgehen, denn es ist gerade der Umgang mit diesen Situationen, dass wir wahre Freiheit und Selbstmeisterschaft finden.

Erinnere, die Persönlichkeiten sind nicht real. Sie sind einfach vorübergehende Antwortmechanismen, die mit unvollständigen Daten arbeiten – Computerprogrammen mit Fehlern, programmierbaren Bestandteilen, die geändert oder sogar ganz gelöscht werden können. Nur in dem Traum erscheinen sie wirklich. Wende die Methoden an, um aus dem Traum zu erwachen. Befreie dich aus der Matrix! Du bist der Schöpfer und reanimierst fortwährend deine Rolle in der Matrix mit jedem einzelnen deiner Gedanken. Beobachte, und gehe darüber hinaus. Du bist eine Raupe, und entdeckst, dass du dein Wahres Selbst geworden bist... ein Schmetterling!

NÄCHSTENLIEBE ENTWICKELN

Der Kern aller spirituellen Praktiken ist die Entwicklung von Mitgefühl. (Lat.: com = mit; pati = leiden - mitleiden). Das Christentum nennt es Nächstenliebe, ein Wort, das ursprünglich bedeutete, Liebe zum Ausdruck zu bringen, nicht etwa Almosen zu geben. Der Buddhismus nennt es *Bodhicitta,* das Verlangen, dass alle Wesen frei von Leid sind. Die Tibetische Grund-Praxis, um Nächstenliebe zu entwickeln, ist Geben und Nehmen (Tibetisch: *Tonglen*), das Erleben des Leides eines anderen in deinem Herzen und das Zurückgeben von Liebe.

Bevor du mit fortgeschrittenen Praktiken beginnst, wird Tonglen angewendet, um die richtige Motivation zu erzeugen. Ohne die richtige Motivation könnte es dir passieren, dass du dein Ego mehr schätzt als den anderen, oder beginnst, dich anderen überlegen zu fühlen, anstatt sie zu lieben. Einige Anfänger beginnen sich anderen überlegen zu fühlen, da sie ja nun fortgeschrittene Praktiken ausüben. Um diese Selbst-Überschätzung zu vermeiden, werden Niederwerfung und Tonglen praktiziert. Auch weil wir das Verdienst unserer Praktik dem Wohl anderer widmen.

Da es keine 'anderen' gibt, und alle (anderen) Aspekte von einem selbst sind, findet, wenn wir sagen, wir nehmen das Leid eines anderen in uns auf und geben Freude zurück, alles in uns statt. Du bist für jeden verantwortlich. Der andere, der leidet, bist du selbst. Deshalb sagte Meister Jesus, „Tue anderen das, was du willst, dass sie dir tun", denn der andere ist du. Diese Idee des Einsseins wurde von dem englischen Poeten des 16. Jahrhunderts, John Donne, schön formuliert:

Verlange nie zu wissen, wem die Stunde schlägt;

sie schlägt dir selbst.

Geben und Empfangen *(Tonglen)* beginnt mit *Shamatha,* dem Beobachten deines Einatmens und Ausatmens. Wenn du ruhig und in deiner Mitte bist, dem empfindsamen Bereich in der Mitte deiner Brust, den wir das Herz nennen, (eigentlich unter dem Brustbein), denke an jemanden, oder an eine Gruppe von Menschen, die Leid erfahren. Es könnte ein Freund sein oder jemand, von dem du in der Zeitung liest. Stell dir vor, was sie erleben, physisch, mental, emotional und spirituell. Stell dir vor, du bist dort bei ihnen, du bist sie. Du fühlst, was sie fühlen, denkst, was sie gerade denken. Es ist sehr grundlegend. Selbst wenn du in der Wüste oder in den Bergen bist, bist du mit anderen durch das ätherische Netz verbunden.

Während du ausatmest, fühlst du, wie mit deinem Atem Liebe zu ihnen hinströmt, wie Lichtstrahlen aus der Sonne in deinem Herzen. Während diese Strahlen in ihre Herzen eintreten, bringst du ihnen Trost, Befreiung von Leid, Frieden und Freiheit. Während du einatmest, spürst du das Leiden, während du ausatmest, siehst du, wie die Dunkelheit in und um sie herum sich zerstreut und sich in Licht auflöst. In Wirklichkeit gibt es kein Geben und Empfangen, da ihr Leiden dein Leiden ist, und deine Erleuchtung ist ihre Erleuchtung. Die Erkenntnis, dass das, was auf dich einwirkt, auf alle einwirkt, verankert dich in der Realität deines Ziels, wer du bist, und wohin du gehst.

Vorsicht: Versuche nicht, das Leid von anderen tatsächlich zu übernehmen, denn das kann dazu führen, dass du einen Zustand auf dich nimmst, den du vielleicht nicht umwandeln kannst. Das widerspricht dem, wie Tonglen in einigen Denkschulen gelehrt wird.

Tibetische Lamas, die von den Chinesischen Kommunisten gefangengehalten worden waren, erzählten mir, dass diese Methode, den 'Feind' als einen Aspekt deiner selbst zu betrachten, der umgewandelt werden muss, sie vor Verzweiflung und vor einem tieferen psychologischen Trauma bewahrt hat. Sie fühlten die Grausamkeit der Wächter, aber statt mit Zorn zu reagieren, sahen sie diese als Unwissenheit an und sandten ihnen Liebe zurück. Auf diese Weise waren viele der Lamas in der Lage, das Posttraumatische Stresssyndrom (PTSD) zu vermeiden.

Das ist nichts anderes, als was Jesus lehrte,[10]

Liebet eure Feinde.
Tut jenen Gutes, die euch hassen.
Segnet jene, die euch verfluchen.
Betet für jene, die euch schlecht behandeln.

Lukas 6:27-29

GRUNDLEGENDE GÜTE

Die Essenz Gottes ist ein lebendiger Funke aus Licht, der in jedem Menschen ist. Dieser Funke lässt dein

---

10   Es gibt in Indien zahlreiche Belege, dass Jesus (zu alten Zeiten als Issa bekannt) Buddhismus studierte, und beim Vierten Buddhismus-Konzil in Srinagar in Kaschmir um 127-151 vor der Christlichen Zeitrechnung Gastredner war.

Herz schlagen, deine Lungen atmen und jedes System in deinem Körpern funktionieren. Jede Sekunde übermittelt dieser Funke, deine ICH BIN-Gegenwart, Signale, um dein Leben aufrecht zuhalten. Diese Funken entspringen derselben QUELLE, die in jedem ist, auch in jenen, die schlechte Dinge tun. Dieser Funke kommt von Gott und wird zu Gott zurückkehren, sodass auch sie eines Tages in die Umarmung ihres Wahren Selbst zurückkehren.

Wenn du über einen anderen urteilst oder beschränkende Gedanken über ihn hegst, legst du diesem anderen ein Hindernis in den Weg zur Selbsterkenntnis – und legst einen Klotz auch in deinen eigenen Weg. Sich des Inneren Lichts gewahr zu sein, der grundlegenden Güte in jedem Menschen, verändert deine Beziehung zu Menschen. Diese Güte ist nicht nur in Menschen, sondern auch in jedem Tier, in jedem Grashalm, und in jedem subatomaren Teilchen. Du kannst sie fühlen.

Diese heilige Flamme wird aus dem ätherischen Bereich der ICH BIN-Gegenwart durch den Scheitel nach unten zu einem Brennpunkt nahe der Thymusdrüse unter dem Brustbein projiziert. Du kannst sie fühlen. Diese Empfindung ist es, worauf Menschen sich beziehen, wenn sie sagen, „Ich fühle es in meinem Herzen". Es ist nicht das physische Herz, sondern ein subtiles Gefühl in der Mitte unserer Brust. In Indien heißt sie *Jyoti,* göttliches Licht, oder was Trungpa Rinpochi „den empfindsamen Punkt" nannte.

Vergebung

Die Violette Tara ist die Göttin der Vergebung, da sie die Violette Flamme ist, die Verletzungen und Disharmonie auflöst und uns in eine höhere Schwingungsrate anhebt. Nur durch Vergebung kann diese Freiheit erlangt werden; andernfalls kommst du Leben nach Leben immer wieder zurück, um deine unerledigten Angelegenheiten zu bearbeiten. Die obige Praktik des Gebens und Empfangens führt naturgemäß zu Vergebung, denn der erste Schritt zur Heilung ist Vergebung. Du darfst über Handlungen urteilen, aber nicht über die Menschen, die sie ausführen, denn jeder besitzt grundlegende Güte. Betrachte jeden als dein Kind, das du liebst, auch wenn es etwas Falsches tut. So sehen uns die Meister. Wo wären wir, wenn die Meister jedes Mal über uns verärgert wären, wenn wir etwas Selbstsüchtiges oder Dummes getan haben?

Wenn du andere heilen möchtest, musst du mehr tun, als nur den Gedanken der Beschuldigung loslassen, vielmehr musst du tatsächlich die emotionale Ladung befreien, die du ihnen gegenüber hast. Während du die obige Praktik des Sendens und Empfangens anwendest, hattest du vielleicht den Gedanken, dass der Grund, weshalb diese Menschen leiden, darin liegt, dass sie etwas falsches getan haben. Das mag sein, aber es ist auch möglich, das du ihnen in einem früheren Leben etwas angetan hast. Du weißt nicht, was du in vergangenen Leben alles getan hast, das vielleicht zu ihrem Zustand beigetragen hat. Da du nicht alles weißt, verändere dein Urteil über andere so:

Ich bin verantwortlich für all jene, die in Wirklichkeit Aspekte meiner selbst sind.

Wenn du über jene, die leiden, urteilst, dann sorgst du dafür, dass du eines Tages dieselbe Erfahrung machen wirst. Das ist ein unaufhaltsamer Vorgang, durch den wir die Rollen tauschen, Leben um Leben, bis wir einander alles vergeben. Die Prostituierte wird eine Nonne, und die Nonne, die sich für etwas Besseres hält, wird eine Prostituierte, und landet schließlich bei natürlicher Reinheit. In ähnlicher Weise tauschen Kriminelle und Polizisten ihre Rollen, und entwickeln schließlich nach vielen Leben ein Verständnis über das Gesetz und die Achtung füreinander. Denke an das bekannte Sprichwort der Ureinwohner Amerikas, das da heißt:

Urteile nicht über einen anderen, bevor du nicht zwei Monde in seinen Mokassins gegangen bist.

— Stamm der Cherokee

Bitte die Violette Tara um Hilfe, alte Urteile und ihre Energien loszulassen, die nicht nur in den verborgenen Nischen deines Denkens eingeschlossen sein mögen, sondern in jeder deiner Körperzellen. Bitte sie, dir zu helfen, alle Ursachen, Wirkungen, Erinnerungen und Aufzeichnungen aller vergangenen schmerzhaften Taten aufzulösen. Es sind diese Erinnerungen, die im Unterbewusstsein gespeichert sind, die von dem Violetten Feuer aufgelöst und verzehrt werden müssen. Das erfordert folgendes:

1. Verstehe die Ursachen, die andere zu ihren Handlungen führten.

2. Akzeptiere, dass sie aus Unwissenheit oder begrenztem Verständnis handelten.

3. Bestrafe andere nicht, denn jeder erhält zurück, was er ausgesendet hat.

4. Sieh die grundlegende Güte in jedem.

5. Lasse los, und ruhe in dem Frieden nicht-
urteilenden Gewahrseins, frei von allen
Vorstellungen.

Verstehe ferner das Wort „vergeben" als „Ich gebe dir vorher".

*Ich gab dir Gelegenheit zu tun, was du tatest, vielleicht als Lektion,
die du nicht auf andere Art lernen konntest. Auch ich habe andere
verletzt, und ich bin dankbar für diese Erfahrungen, aus denen ich
gelernt habe. Mir wurde vergeben, was ich falsch gemacht habe, also
bete ich zum Allmächtigen Gott, dir zu vergeben, so wie mir vergeben
wurde.*

Wie Jesus sagte:
Wenn wir sagen, wir hätten keine Sünden, täuschen wir uns selbst...

— 1 Johannes 1:8

KLÄREN DES MANDALA

Du bist die Gottheit in der Mitte deines Mandala. Das ist der Kreis deiner Welt, die Arena deiner Aufmerksamkeit, wo alle Menschen, alle Aktivitäten und Energien deines Lebens erscheinen. Dieses sind die Menschen, die du kennst und die Energien, die sie aufrufen, auch aus vergangenen Leben. Dieses sind Energien und emotionale Situationen, in die du involviert bist, einige sind erfreulich, andere sind unerfreulich. Diese Gedanken, Gefühle, Emotionen und Energien werden zu deinen Gottheiten – von denen einige als gütige Gottheiten, andere als wutentbrannte Dämonen erscheinen. Je mehr du die Dämonen ignorierst, desto raffinierter und hinterlistiger ist ihr Einfluss. Folglich müssen die Dämonen angeschaut, verstanden und aufgelöst werden, um von ihnen Freiheit zu erlangen.

Zum Glück kannst du wohltätige Gottheiten erschaffen, die dich mit der Kraft deiner eigenen Gedanken fördern und unterstützen. Tatsächlich können die wutentbrannten Dämonen sogar zu friedfertigen Gottheiten transformiert werden, was Padmasambhava in Tibet getan hat. Er beschwichtigte die örtlichen Dämonen und verwandelte sie zu Schützern des Dharma und jener, die den spirituellen Weg praktizierten. Auf dieselbe Weise kann jeder von uns mit diesen negativen Teilen von uns Zwiesprache halten, von ihnen lernen, und diese gewonnene Weisheit verwenden, um anderen zu helfen.

Zum Beispiel können die Dämonen des Richtens, Beschuldigens und Verurteilens in die Violette Tara der Vergebung verwandelt werden. Dies geschieht durch das Erkennen der grundlegenden Güte und ursprünglichen Unschuld jener, die du beschuldigst – durch die Einsicht, dass ihre negativen Handlungen aus Unwissenheit der daraus erwachsenen Folgen geschahen – und durch das Befreien der Energie, die du mit dieser Aburteilung gebunden hast.

Diese Wesen dienen in dem großen Plan der Schöpfung einem Zweck – uns zu lehren, wozu wir in diese Dualität gekommen sind – Mitgefühl für andere zu lernen. Nichts, was in dieser menschlichen Welt existiert, ist absolut gut oder schlecht, sondern es schwingt zwischen Polaritäten. Ohne das Böse könntest du das Gute nicht begreifen. Das Gute existiert nur als Gegensatz zum Bösen. Nirvana existiert als Gegensatz zu Samsara, denn es ist die illusionäre Welt der Erscheinung, die profane Realität, die das Sprungbrett zur Erleuchtung ist. Ohne diese Gegensätzlichkeiten könnten wir nicht wachsen.

Praxis:

Beobachte dein Einatmen und Ausatmen, bis du dich in einem Zustand der Gelassenheit entspannst. Erkenne, dass du der Herrscher auf einem Thron inmitten deines Mandala bist. Du schaust hinaus auf seine riesige Ausdehnung, nimmst seine Energie wahr, und du fühlst die Beziehung zu all den Menschen, Emotionen, Gefühlen und Gedanken, die deine Welt beinhaltet. Identifiziere Deine Gefühle. Woher kamen sie?

Sieh, was auf dich zukommt, was natürlicherweise hochkommt, um bearbeitet zu werden. Versuche diese negativen Energien zu identifizieren, während sie näherkommen. Sie sind vielleicht frühere Freunde, Liebhaber, Eltern, Verwandte, Lehrer, Feinde, und sogar Freunde; alle erscheinen sie in leicht anderer Form, während sie versuchen, sich deiner Herrschaft zu bemächtigen.

Indem du sie betrachtest, erscheinen die Dämonen nicht mehr so erschreckend. Vielmehr ist ihre ehrliche Opposition beinah erfrischend. Sie erscheinen nun eher wie weise Lehrer, die in dein Leben gekommen sind, um dich herauszufordern und dein Wachstum anzuregen. Du fühlst Dankbarkeit, fühlst sogar Liebe für sie. Während du schaust, werden ihre Umrisse weniger ausgeprägt, und sie fangen an, sich in Verbündete zu verwandeln, um dir zu helfen, deinen Egoismus, dein Empfinden, besser als andere zu sein, zu durchtrennen. Durch das Anschauen deiner vielfältigen Facetten deiner selbst im Spiegel deiner Wahrnehmung begreifst du, wer du wirklich bist, und du beginnst Freiheit zu erlangen. Du wirst bald die Violette Tara anrufen, über deinem Mandala zu weilen und diese Dämonen in etwas positives umzugestalten, und so das Gift der Unwissenheit in den Nektar der Weisheit zu verwandeln.

BERUHIGE DAS DENKEN MIT SECHS NÄGELN

Auf der grundlegendsten Ebene beginnt jede spirituelle Praxis mit dem Beruhigen des Denkens, denn nur wenn sich zwanghafte Denkprozesse verlangsamen, können wir Realität wirklich wahrnehmen. Dies kann schwierig sein, da der Verstand immer wachsam und auf der Hut vor einer möglichen Bedrohung ist; und der Verstand erschafft das Ego, damit dieses beurteilt, wie gut er es macht. Mit einer spirituellen Praxis anzufangen, ohne vorher das Denken zu beruhigen, kommt dem Versuch gleich, eine Kerze im Sturm anzuzünden. Hier ist eine Praxis, den Geist zu beruhigen, die von dem Indischen Weisen Tilopa stammt, genannt *Die sechs Nägel.*[11]

1. Lass die Vergangenheit los.

2. Lass die Zukunft los.

3. Lass los, was jetzt geschieht.

4. Versuche nicht, etwas zu ergründen.

---

11 Tilopa war der Bengalische Mahasiddha des 11. Jahrhunderts, der in eine königliche Familie geboren worden war, und ein wandernder Mönch wurde. Eines Tages erschien ihm die Göttin Matangi und sagte ihm, wenn er Erleuchtung erlangen wolle, müsse er von seinen Urteilen ablassen, und Zuhälter einer Prostituierten werden. Tagsüber betrieb er eine Mühle und schrotete Sesamsaaten, daher ist sein Name abgeleitet von dem Sanskritwort *Til,* Samen. Während er diesen zwei Beschäftigungen nachging, erreichte er Erleuchtung und erlangte außergewöhnliche Kräfte. Er wurde der Lehrer von Naropa, dem Lehrer von Marpa, der der Guru von Milarepa wurde, und auf diese Weise begann die Übertragungslinie des Buddhismus. Eine seiner berühmten Äußerungen war, „Das Problem ist nicht das Vergnügen, sondern die Anhaftung an das Vergnügen."

5. Versuche nicht, etwas zu bewirken.

6. Entspanne dich, jetzt sofort, und erwache!

Diese Meditationsanleitung lässt sich in den Worten von Bhagavan Das zusammenfassen. Er brachte Ram Dass, den ehemaligen Harvard-Professor, der eine ganze Jugendgeneration von Amerikanern beeinflusste, zu Neem Karoli Baba.[12]

Sei jetzt hier!

Die vorherigen *Shamatha-* und *Vipassana-Anleitungen* führen zu diesem Gewahrsein des gegenwärtigen Augenblicks – vergleichbar dem Ebnen eines Grundstücks vor einem Tempelbau. Man baut nicht auf unwegsamem Boden, oder auf einem Baugrund, der von Gestrüpp und Unkraut überwuchert ist, sondern auf einem ebenen Boden mit einer weiträumigen Aussicht. Nun, da dein Geist still ist und du völlig präsent bist, gehe zum nächsten Abschnitt, wo du die Violette Tara einlädst, im Tempel deines Bewusstseins zu weilen.

---

12 *Be Here Now!* Lama Foudation 1978; Dt.: *Sei jetzt hier: Ein dreiteiliges Handbuch für die Reise ins Innere Zentrum.*

DIE ERSCHAFFUNG GOTTES

Ein Bild von Gott wird erschaffen, um Erleuchtung zu fördern, denn Gott hat keine Form. Gott ist aber überall und in jeder Form. Welche Vorstellung von Gott ist für dich die wirklichste? Viele Menschen in der Westlichen Welt wuchsen mit einer Vorstellung von Gott auf, wie sie Michelangelo im Deckengemälde der Sixtinischen Kapelle bildlich dargestellt hat, als alten Mann mit weißem Bart, der auf einer Wolke sitzt. Einige wuchsen mit dem Glauben an den Weihnachtsmann auf, als allwissendem Gott-ähnlichen Wesen, das gute Handlungen belohnt.[13] In Indien gibt es tausende von Göttern, die alle als Aspekte des einen form-losen Gottes, Para Brahman, aufgefasst und zu jedem er-denklichen Zweck angerufen werden. Jeder von ihnen wird

---

13 Der Weihnachtsmann entwickelte sich ungefähr über tausend Jahre als Kombination aus dem Türkischen Weihnachtsmann, der den Armen gab, und dem Britischen Father Christmas, der zur Aus-schweifung ermunterte. Beide Varianten waren schlank und gaben keine Geschenke. Erst im England des 19ten Jahrhunderts wurde er mit dem Geben von Geschenken in Verbindung gebracht. Der Amerikanische Dichter Clement Clark schrieb 1837 das Gedicht, „Es war am Abend vor Weihnachten" ('Twas the night before Christmas). Das fliegende Rentier des Gedichtes stammt aus einer schamanischen Vision Sibirischer Nomaden und reicht 3000 Jahre zurück. Die Vision kam vom Verzehr des Pilzes Amanita muscaria (Fliegenpilz), den sie die Rentiere fressen sahen. Alle diese Traditio-nen wurden 1931 von Coca Cola Inc. vereint, und es wurde ein kor-pulenter Santa kreiert, der Coke trank und Kindern Geschenke gab. Walt Disney erweiterte später dieses Bild. Zu einer Zeit wurde er mit einer schwarzen Birkenrute dargestellt, um unartige Kinder zu strafen, und die Farbe seiner Robe wechselte von braun zu grün, über blau, und schließlich zu rot.

je nach Ausmaß der Hingabe und Fokussierung der Energie real. Diese Götter sind durch die kollektiv fokussierte Aufmerksamkeit von Millionen von Menschen erschaffen worden, die sie über tausende von Jahren visualisierten und anbeteten. Sie sind keine leeren Bildnisse, sondern eine Wirklichkeit, je nachdem, wie das Individuum sie annimmt und sich auf sie fokussiert – denn worauf du dich konzentrierst, das bringst du in die Existenz.[14] Demzufolge erschaffst du Götter nach deinem Ebenbild – bis du die Quelle findest.

Wir wollen wahrnehmen, dass wir in einem geordneten Universum leben, das von gütigen Göttern geleitet wird. Auch wenn wir sie nicht sehen oder einen unmittelbaren Beweis von ihrer Existenz haben, wollen wir uns vorstellen, dass sie da sind, also erschaffen wir sie mit dem Bild, das wir mögen. Diese Neigung, Gottheiten zu erschaffen, ist selbst bei Kleinkindern gegeben. Versuche mit einem dreijährigen Kind darüber zu streiten, dass sein Stofftier nicht echt sei, und du wirst diesem Aspekt des Bewusstseins be-

---

14 Während der Harmonischen Konvergenz, einem Phänomen des New Age, des Neuen Zeitalters, das 1987 stattfand, versammelte sich eine Menschenmenge in Mount Shasta, um ein Bild anzuschauen, das auf dem Fernsehbildschirm einer Frau erschien. Viele 'Hellseher' channelten Botschaften von dem Wesen, das verschiedentlich als Engel, als der Geist der Konvergenz, als Kommandant eines Raumschiffs, und als Sananda (ein Name für Jesus, der von Schwester Thedra gechannelt wurde) beschrieben wurde. Ich sah eine Mutter, die ihr Kleinkind gegen den Fernsehbildschirm hielt, um einen Segen zu erhalten. Als ein Fernsehtechniker erschien und sagte, „Junge Frau, sie haben einen defekten Kondensator; wollen Sie, dass ich ihn repariere?", antwortete sie, „Nein, das wäre ein Frevel." Sie ist bis heute davon überzeugt, dass in ihrer Wohnung ein Engel erschienen war, und sie ist von diesem Glauben seither erhoben.

gegnen. Für das Kind sind diese Tiere sehr wirklich und sie haben unabhängiges Leben, von dem dir das Kind sehr detailliert erzählen kann. Das Kind ist mit dem Wesen seines Action-Kriegers oder seiner Puppe aus Plastik innigst verbunden, und weiß genau, wie sie alle zueinander in Beziehung stehen. Die bekannte Geschichte vom Velveteen Rabbit (Der Samthase) beschreibt, wie ein Spielzeug-Kaninchen real wird, indem es geliebt wird, so wie es mit allen Göttern ist.[15]

Es ist dieselbe Tendenz zu vermenschlichen, die Menschen dazu führt, Götter nach ihrem Bild und Gleichnis zu erschaffen, hellhäutige, blonde, blauäugige Götter in nordischen Ländern, dunkelhäutige, dunkelhaarige, braunäugige Götter in afrikanischen Ländern.

Natürlich erscheinen *Mahasiddhas,* Aufgestiegene Meister, und auch Vorfahren, in Träumen, und sie können als Götter erscheinen, mit den Rassenmerkmalen, die sie während ihrer physischen Verkörperung hatten. In vergangenen Zeitaltern gab es immer jene wenigen empfindsamen Menschen, die mit anderen Dimensionen in Verbindung standen; mit den Geistern der Natur, den dahingeschiedenen Lieben, und mit meisterlichen Wesen, die im Osten als *Bodhisattvas,* oder im Westen als Aufgestiegene Meister bekannt sind.

Hin und wieder kommt nach langer Zeit ein wirklich erleuchtetes Wesen, das sagt, genug der Anbetung all dieser selbst-erschaffenen Götter; finde heraus, wer *du* bist, und erkenne den Gott im Inneren. Ihre Worte sind eine Brise frischen Windes, und sie ziehen viele Anhänger an, welche die Selbstergründung praktizieren. Aber nach einiger Zeit

---

15 *The Velveteen Rabbit,* Margery Williams, Doubleday, 1991.

werden ihre Lehren zu Dogmen, und es wird eine neue Religion geschaffen, die zu einer weiteren Form der Gedanken-Kontrolle wird.

Der Tantrische Buddhismus jedoch erkennt diese innewohnende Tendenz des menschlichen Bewusstseins, Götter zu erschaffen, welche Aspekte der menschlichen Natur verkörpern, und arbeitet bewusst mit dieser Tendenz, in der Praxis des Guru Yoga. Du wählst einen Aspekt aus, mit dem du gerne arbeiten möchtest; entweder eine Qualität, die du entwickeln möchtest, wie etwa Mitgefühl, oder eine, die du gerne transformieren möchtest; dann erarbeite eine Gottheit, die diese Qualität repräsentiert. Auf diese Weise können die giftigen Aspekte der menschlichen Natur in den Nektar der Güte und Weisheit transformiert werden.

Da es den Tantrischen Buddhismus seit mindestens achthundert Jahren gibt, und die buddhistischen Meister während dieser Zeit diese Götter geschaffen haben, gibt es viele zur Auswahl: für Mitgefühl meditiere auf Chenrezig, oder den weiblichen Aspekt Tara; um Hindernisse zu überwinden, auf Vajrakilaya; für Gesundheit, auf Sanje Menla (Medizin Buddha); für Schutz und Freiheit von betrübenden Emotionen, meditiere auf die Grüne Tara; für Frieden und Langlebigkeit, auf die Weiße Tara, usw. Oder meditiere auf Vajrasattva, die Gottheit, die all die anderen Götter hervorruft, und erkenne, dass du der Schöpfer bist.

Es spielt keine Rolle, ob die spezielle Gottheit eine historische Person war; du machst die Gottheit real, indem du ihr dein eigenes Bewusstsein verleihst. Zum Beispiel wurde, so sagt die Legende, die erste Tara aus einer Träne Avaloketteshvara (Chenrezig) erschaffen, während er das Leid der Menschheit sah. Das ist eine schöne Geschichte, die ein tiefes Gefühl hervorruft, aber sie kann schwerlich als buch-

stäbliche Wahrheit aufgefasst werden. Durch das Meditieren auf Chenrezig kann man jedoch eine Verkörperung des
Mitgefühls werden. Es gibt auch Geschichten über reale
Frauen, die als Verkörperungen des femininen Aspektes
des erleuchteten Geistes betrachtet wurden, und sie wurden
daher in der Tantrischen Praxis als Götter angebetet, und
halfen so anderen, dieselbe Verwirklichung zu erlangen.

Was sind nun diese Tantrischen Praktiken? Wie können
wir diese menschlich erschaffenen Gottheiten, *Yidams
(wörtl. geistgebunden)* genannt, verwenden, um Erleuchtung zu
erlangen?

Zuerst müssen wir erkennen, dass die Geschichten über
die Gottheit und Bilder oder Statuen der Gottheit, nicht in-
tellektuell analysiert werden dürfen, sondern dass sie nur
Wege des Zugangs sind, um zu diesem Aspekt von uns
selbst eine persönliche Beziehung zu entwickeln – und dass
in der grundlegenden Natur dieses Wesens Göttlichkeit ist,
seine Buddha- oder Christusnatur. Es spielt keine Rolle,
welche Gottheit wir wählen, denn im Herzen wird dasselbe
Gott-Bewusstsein sein, das unsere Natur des Selbst ist. Wir
meditieren auf diese Wesen, bis wir die Trennung zwischen
dem menschlichen Selbst und dem wahren Selbst verlieren,
und tatsächlich die Gottheit werden.

Jedoch wird am Ende der Praxis die Visualisierung der
Gottheit aufgelöst, und man kehrt zurück zum menschlichen Selbst – allerdings nun ein Selbst, das durch seine Verwirklichung verändert wurde. Mit anderen Worten, du wirst
die Gottheit, löst dann die Gottheit auf und erkennst dann,
dass du selbst die Gottheit bist – eine Manifestation des
universalen Bewusstseins.

Die Idee, die der Mensch 'Gott' nennt, existiert nur im Bewusstsein des Menschen selbst. Wir sind nicht Ihm ähnlich, Er ist uns ähnlich.

— Sir Edward Bulwer-Lytton (1803-1873), Autor von
Zanoni, unter der Führung von Saint Germain

Inzwischen wurden von Menschen mit starker Einbildungskraft viele New Age-Götter, Meister und Wesen aus anderen Dimensionen erschaffen und 'gechannelt'. Während die Menschen beginnen, an diese Wesen und ihre Botschaften zu glauben, erlangen diese Entitäten eine größere Realität, und die Menschen werden von ihnen abhängig in ihrem Verlangen nach immer mehr Informationen. Das ist nicht nur nicht notwendig, sondern es ist gefährlich. Während du lernst, das Denken zu beruhigen und deine Quelle zu kontaktieren, verschwindet der Bedarf nach Vermittlern und ihren erdichteten Botschaften. Nur Selbstkenntnis führt zu Ermächtigung und Meisterschaft.

Der Unterschied zwischen der Praxis des Tantra, bei der während der Meditation eine Gottheit erschaffen und aufgelöst wird, und der Praxis des New Age, bei der Wesen erschaffen werden, um Botschaften durchzugeben, ist der, dass der Tantra-Praktizierende weiß, dass er diese Wesen selbst erschaffen hat – und er löst sie schließlich, zusammen mit der Ego-Anhaftung im ursprünglichen Bewusstsein auf. Das verringert beim Individuum die Neigung zur Selbstwertschätzung, während das Channeling zur Aufwertung des Ego führt, indem das Gefühl entsteht, man sei in dem Privileg, von einem höherstehenden Wesen eine Botschaft zu erhalten, etwas Besonderes.

Der Weg zur Selbstmeisterschaft durch das Erschaffen und das Auflösen einer Gottheit für Meditationszwecke, wird hier in der tantrischen Praxis der Violetten Tara gegeben. Tantra[16] ist eine fortgeschrittene Praktik, die zuerst den Abschluss bestimmter Vorarbeiten erfordert, um dir zu helfen, die Natur des Denkens zu erkennen. Ohne diese vorbereitende Praxis besteht für dich die Gefahr, anzunehmen, dass du dauerhaft die Gottheit wirst, und dieses illusionäre Selbst pflegst, anstatt zu sehen, dass dieselbe Gottheit in jedem ist.

Wenn du es korrekt ausführst, wirst du durch diese Praxis erkennen, dass nichts real ist, außer Bewusstsein. Dann wirst du Mitgefühl haben, und es wird dein größter Wunsch sein, anderen zu helfen, Freiheit von Leid zu erlangen. Um die Falle der Selbstwertschätzung des menschlichen Ego zu vermeiden, ist es wichtig, am Anfang zu beginnen. Reinige den Geistes-Strom, und gelange zur Erkenntnis der grundlegenden Güte und Demut.

---

16   Tantra ist auch bekannt als *Vajrayana* (Sanskrit: Fahrzeug der plötzlichen unzerstörbaren Verwirklichung).

„ICH BIN" IST DER SCHLÜSSEL

Der Schlüssel zu jeder Schöpfung liegt in dem Ausdruck „ICH BIN", und dieser kann in jeder Sprache gesprochen werden, die dir am Herzen liegt. Im Sanskrit ist es *Soham*. Die vorherigen Praktiken wurden gegeben, um das Ego zu bezwingen und das Denken auf den Gebrauch dieses Schlüssels vorzubereiten, und die Türen zum Erschaffen zu öffnen. In dieser Hinsicht bezieht sich das „ICH" nicht auf das Ego, welches nicht von Dauer ist. Meditiere auf die Quelle des „ICH", und du wirst Gottesbewusstsein erlangen. Sage „ICH BIN", und du wirst dieses Bewusstsein zur Manifestation bringen. „ICH" ist die Selbst-Referenz Gottes, der du bist. Beobachte, wie oft du im Laufe eines Tages „ICH" sagst oder denkst. Was verbindest du mit „ICH", und ist es das, was du willst? Die hier gegebenen Praktiken werden dir dabei helfen, bewusster darin zu sein, was du erschaffst. Schließlich kannst du eine neue Welt erschaffen.

Die Vorbereitungen

Alles hat einen Anfang, eine Mitte und ein Ende. Das gleiche gilt für die Erlangung von Erleuchtung und dem Gelingen (Sankrit: *Siddha*) der Meisterschaft. Nach der Zuflucht zu den **Drei Juwelen:** des Buddha, des Dharma und des Sangha, beginnst du mit einer Reihe von Praktiken, *Ngondro* genannt, den Vorbereitungen.

Die **Einführenden Vorbereitungen** bestehen aus der Meditation **über die Vier Gedanken, die den Geist dem Dharma zuwenden:**

1. **Kostbarkeit des Lebens** – Sei dankbar für das Leben.

2. **Vergänglichkeit** – Alles kann jeden Augenblick enden.

3. **Karma** – Erkenne, dass du kein Opfer ist, sondern dass deine gegenwärtigen Umstände von deiner eigenen Unwissenheit erschaffen wurden, von deinen Gedanken und von deinen Handlungen in der Vergangenheit, ja selbst in früheren Leben.

4. **Samsara** – dauerhaftes Glück findet man nicht in der Verfolgung von vorübergehenden Erscheinungen, sondern in dem, was ewig ist.

Die **Sekundären Vorbereitungen**, mit denen die Tantrische Ausbildung beginnt, bestehen aus vier Praktiken. (Alle Tantrischen Praktiken verwenden Mantra, Mudra (physische Geste oder Handlung), und Visualisierung (die später besprochen wird):

1. **Hingabe** an den Lehrer (Lama, Guru).

2. **Hingabe** an die Gottheit (*(Yidam,* ein Gott, den du in der Meditation erzeugst und später auflöst).

3. **Hingabe** an den Aufgestiegenen Meister (oder *Dakini / Daka,* die uns führen).

4. **Verpflichtung,** Niederwerfungen zu praktizieren (eine traditionelle Praxis, die deine Hingabe erdet und Demut und Mitgefühl erzeugt). Traditionellerweise machst du 100.000 volle körperliche Niederwerfungen vor dem Yidam, Vajrasattva, die du vor dir visualisierst. Wir machen sie jedoch vor der ICH BIN-Gegenwart, dem Gott-Selbst, das die Tibeter das Dharmakaya nennen. Da die meisten Menschen heutzutage nicht die Zeit finden, all dies auszuführen, schlage ich vor, dass du pro Tag mindestens eine volle körperliche Niederwerfung an die ICH BIN-Gegenwart ausführst. Wenn das zu viel ist, vollziehe die Niederwerfungen im Geiste. Sieh die Gegenwart vor und leicht über dir, umgeben von Regenbogenlicht und umgeben von den Aufgestiegenen Meistern, dem Großen Göttlichen Direktor, von Quan Yin, Maitreya, Meisterin Nada, Jesus, Mutter Maria und anderen des Aufgestiegenen Rates des Lichts.[17] Visualisiere vor dir auch alle Feinde

---

17 Ich verwende die Bezeichnung *Rat des Lichts* statt *Große Weiße Bruderschaft,* da diese spirituelle Organisation, die auf der ätherischen Ebene weilt, aus weiblichen wie auch männlichen Meistern besteht, die von unterschiedlichen Rassen mit unterschiedlichen Hautfarben abstammen. Allerdings bezieht sich das „Weiß" auf die Farbe ihrer Roben, oder das weiße Licht, das sie ausströmen; darüber hinaus denken sie von sich selbst nicht, „groß" zu sein. Die Theosophie nennt sie Ältere Brüder, oder Adepten. „Aufgestiegener Meister" ist

oder jene, mit denen du dich durch negatives Karma verbunden glaubst – jene, die dir etwas entgegengesetzt oder dir Schaden zugefügt haben. Da sie letztendlich von dir nicht zu trennen sind, bete, dass diese Praktik auch ihnen nützt. Visualisiere neben und hinter dir deine Eltern, deine Familie, Freunde, Bekannte und alle des Sangha, die sich mit uns niederwerfen. Tue dies mit aufrichtiger Hingabe.

Während der Niederwerfung rezitierst du dieses Gebet:

Hingabe an die ICH BIN-Gegenwart:

Von jetzt an bis ich aufsteige,
verpflichte ich mich gegenüber der ICH BIN-Gegenwart,
der spirituellen Praxis,
und gegenüber dem Aufgestiegenen Meister-Rat des Lichts.

Jede Niederwerfung wird vollzogen, indem du zuerst die Handflächen zum Gebet zusammenhältst und über den Kopf erhebst. Die aneinander gehaltenen Hände werden dann nacheinander zur Stirn, zum Hals und zum Herzen gebracht – was den erleuchteten Geist und Körper, und die erleuchtete Sprache repräsentiert. Dann kniest du auf dem Boden nieder, die Hände werden nach vorn und seitlich

---

eine neuere Bezeichnung. Früher nannte man sie Auferstandene, Bodhisattvas, Devas, *Dakas* und *Dakinis* (Sanskrit: Himmelstänzer, weibliche und männliche). *Mahasiddha* (Sanskrit) bezeichnet im allgemeinen ein meisterliches Wesen, das sich noch in physischer Form befindet, das die Fähigkeit besitzt, an mehreren Orten gleichzeitig zu erscheinen, Objekte zu präzipitieren, und das über viele andere Kräfte verfügen kann.

ausgestreckt. Dann gleite nach vorn, strecke dich voll auf dem Boden aus, Arme und Hände werden ebenfalls gerade nach vorn ausgestreckt. Die Stirn berührt den Boden. Während der Niederwerfung legst du die Handflächen aneinander wie im Gebet und bringst sie zurück über den Kopf. Dann lege die Hände wieder auf den Boden, und schiebe dich so in den aufrechten Stand. Halte die Hände über dem Herzen aneinander wie im Gebet und beginne von neuem. Während du dich aus der Niederwerfung erhebst, rezitiere dieses Gebet:

Bis alle Wesen befreit sind,
Werde ich Wohl und Zufriedenheit hervorbringen
Für alle Wesen, die meine Mütter gewesen sind.

Da Zeit eine Illusion ist und wir in der Ewigkeit leben, war jeder/jede einmal deine Mutter oder wird es schließlich sein. Daher müssen wir gegenüber allen Güte zeigen. Die Tradition verlangt, dass die 100.000 Niederwerfungen abgeschlossen werden, bevor man mit der tantrischen Praxis beginnt; jedoch ist nicht nur die physische Handlung von Bedeutung, sondern die Ernsthaftigkeit und das Bewusstsein, mit denen die Niederwerfungen ausgeführt werden. So ist es denkbar, dass Eltern denselben Nutzen verwirklichen können, indem sie für ihr Kind sorgen, wenn sie es mit aufrichtiger Absicht tun. Betrachte das Kind als eine Verkörperung Gottes, betrachte die Elternschaft als eine spirituelle Praktik, und betrachte das Kind als künftiges Mitglied des Rates des Lichts. Widme das Aufziehen eines Kindes dem Nutzen der Menschheit.

Für jemanden zu sorgen, wird, wenn es mit der richtigen Motivation geschieht, die selbe Demut und das selbe Mitgefühl entwickeln wie das Niederwerfen. Als ich in Tibet war, war ich tief bewegt, als ich Menschen sah, die über weite Ebenen gingen und auf ihrem Weg nach Lhasa alle drei Schritte volle physische Niederwerfungen machten. Einige waren alt, und es war eine Pilgerreise, die Monate dauerte – ein Akt wahrer Hingabe und Weihung.

GEBET AN DIE ICH BIN-GEGENWART

Der Tradition nach würde hier ein Sanskritgebet an Vajrasattva, den Gott der Reinheit, der auch als Quelle aller anderen Götter angesehen werden kann, rezitiert werden; ich schlage jedoch vor, zur ICH BIN-Gegenwart zu beten, die dieselben Qualitäten verkörpert und die Quelle von dir ist:

Oh, Geliebte ICH BIN-Gegenwart, schütze meine Hingabe an Dich, und bleibe mir verbunden.

Vermehre alles, das in mir positiv und gut ist.

Sei liebevoll zu mir und gewähre mir Erfolg.

Zeige mir die Folgen aller Handlungen, bevor ich sie ausführe.

Mache meinen Geist gut, tugendhaft und glückverheißend!

Möge ich Deine Essenz des Glücklichseins erlangen und in all meinen Körpern volle Erkenntnis erlangen.

Gewähre mir alle Ermächtigungen und Freuden der Erkenntnis.

Oh, Gesegnete, die Du die Verkörperung aller Meister bist, verlass mich nicht.

Hilf mir, meine Unzerstörbarkeit zu erkennen und mach mich eins mit Dir.[18]

---

18   Dies ist eine annähernde Übersetzung aus dem Sanskrit des Vajrasattva-Mantra, auch bekannt als das Einhundert-Silben-Mantra.

Mandala-Darbietung: Als Nächstes opfere alles, was du als dein betrachtest, deiner ICH BIN-Gegenwart, zum Wohl aller Wesen. Mandala ist das Sanskrit-Wort für Kreis, aber hier ist es das Universum. Da es im Tantra wesentlich darum geht, die äußeren und inneren Realitäten als Eins zu sehen, brauchst du, um eine wirkliche Veränderung zu bewirken, physische symbolische Objekte, um das Opfer vollständig zu machen.

Breite ein Tuch vor dir aus, auf dem sich die verschiedenen Ritualgegenstände befinden: Reis, um Nahrung zu repräsentieren; Edelsteine oder Halbedelsteine, Juwelen und Münzen, um Reichtum zu repräsentieren; und irgendwelche anderen Gegenstände, die Dinge von Wert repräsentieren, an die du vielleicht eine Anhaftung empfindest. Lege auch eine Kugel oder ein Bild der Erde auf das Tuch. Du kannst auch ein Bild der ICH BIN-Gegenwart oder des Meisters, dem du dich am engsten verbunden fühlst, an das entfernte Ende das Tuchs legen. Dies ist dein Mandala. Nun nimm eine handvoll von dem Korn, den Edelsteinen und den anderen Gegenständen in die Hand und schütte sie auf die Kugel oder das Bild, und opfere sie zum Wohl aller fühlenden Wesen. Sprich dieses Gebet:

Mandala-Gebet:

Ich opfere all die Körper, den Reichtum, die Pracht und die Errungenschaften, die ich jemals gehabt habe,

oder jemals in diesem oder allen künftigen Leben erlangen werde,

dem Wohl aller fühlenden Wesen.

Diese Praktik befreit von allen Anhaftungen, Ichbezogenheit und Selbstwertschätzung, wenn sie mit reinen Herzen ausgeübt wird. Was du mit richtigem innerem Fokus visualisierst und widmest, manifestiert sich im Äußeren durchgehend auf allen Ebenen deines Seins. Traditionell wird auch diese vorbereitende Praktik 100.000 Mal ausgeführt, bevor man die nächste Stufe, die Gottheit-Erschaffung, anstrebt.

Guru-Yoga (das bedeutet, sich mit dem Guru zu vereinigen) ist der nächste Schritt. Diese Visualisierung hilft weiter, den Geist von egoistischer Täuschung zu reinigen, sodass seine wahre Natur als eins mit dem Guru offenbart wird, der schließlich deine ICH BIN-Gegenwart ist. Der Universelle Guru ist eine Manifestation von Gott, deinem wahren Selbst. Mit anderen Worten, Gott, Guru und das Selbst sind Eins. In Tibet wird dies begleitet von dem Rezitieren des Sieben-Zeilen-Gebetes an den Guru Rinpoche (Padmasambhava), der den Vajrayana-Buddhismus in Südtibet eingeführt hat; weil jedoch der Meister Saint Germain jetzt der Initiator diese Praktik im Westen ist, beten wir zu ihm. Visualisiere ihn oder stelle ein Bild von ihm vor dir hin, und bete das **Sieben-Zeilen-Gebet an Saint Germain**:[19]

---

19 Traditionsgemäß singen Tibeter ein Sieben-Zeilen-Gebet an Guru Rinpoche (Padmasambhava), aber Saint Germain ist im Westen besser bekannt. Du würdest allerdings auch aus dem Guru Rinpoche-Mantra großen Nutzen ziehen: *Om Ah Hung Vajra Guru Padma Siddhi Hung.*

SIEBEN-ZEILEN-GEBET AN SAINT GERMAIN[20]

Geliebter Saint Germain,
Der du die Menschheit führst
Zum Wissen um ihre eigene Göttlichkeit,
Ich bitte dich um deinen Segen für mein Bemühen um volle
Erleuchtung und Meisterschaft,
Damit ich für die Befreiung aller Wesen arbeite.
Ich weiß, ICH BIN Eins mit dir!

Während du deinen Geist beruhigst, die Augen sind dabei halb geschlossen, stelle dir den tatsächlichen, lebenden, atmenden Meister vor, dass er dich gehört hat, und sich zu deinem Nutzen materialisiert hat. Wann immer du an Saint Germain denkst oder seinen Namen nennst, ist er deiner Aufmerksamkeit gewahr. Sieh, wie er immer leuchtender wird, bis er zu einer Sonne aus violettem Licht wird, das mit dir verschmilzt. Dann affirmiere und fühle:

Ich bin die Gegenwart von Saint Germain,
Meister der Violetten Verzehrenden Flamme.

---

20   Traditionsgemäß singen Tibeter ein Sieben-Zeilen-Gebet an Guru Rinpoche (Padmasambhava), aber Saint Germain ist im Westen besser bekannt. Wir würden jedoch auch großen Nutzen ziehen aus den Guru Rinpoche-Mantra: *Om Ah Hung Vajra Guru Padma Siddhi Hung.*

ERZENGEL MICHAEL

Schließlich rufst du Erzengel Michael an. Sein Wirken ist intensiver und unmittelbarer als das von Saint Germain, also rufe vorher die Violette Flamme an, um den Reinigungsprozess zu beginnen. Visualisiere ihn vor und über dir und sieh, wie du mit ihm eins wirst. Erzengel Michael wird alle Ichbezogenheit, alle Anhaftungen, Unwissenheit, falsche Vorstellungen, negative Energie, oder andere Hindernisse auf deinem Weg zur Erleuchtung bereinigen. Er erscheint in glänzender Rüstung, schwingt ein Schwert aus blauer Flamme, und befehligt die Legionen der Engel des Blauen Lichts Göttlicher Liebe. Visualisiere sie, rufe sie an, rufe sie zur Tat auf, damit sie alle Menschen, Orte, Zustände und Dinge aus jeglichem negativem Zustand oder negativer Begrenzung befreien:

ICH BIN die Gegenwart von Erzengel Michael,
der das Schwert der Blauen Flamme schwingt und alles durchlodert,
um alle freizuschneiden von jeglicher Begrenzung.
ICH BIN die Gegenwart der Engel
des Blauen Blitzes Göttlicher Liebe,
die hervor preschen, wo immer es nötig ist,
und die Menschheit befreien, in diesem Augenblick,
von aller Negativität, Sinnestäuschung, Unwissenheit,
oder jeder anderen Begrenzung,
durch die Kraft Gottes, die ICH BIN!

Löse die Visualisierung langsam auf. Schau auf den Boden vor dir und spüre dein Ein- und Ausatmen. Kehre zurück zum leeren, nicht-begrifflichen Gewahrsein, und sei im Frieden.

ANRUFUNG DER VIOLETTEN TARA

Eine der Haupterrungenschaften dieser Praktik ist das Verstehen und schließlich die Verwirklichung der Gottheit in dir.[21] Diese Gottheit war keine historische Person, die auf der Erde gelebt hat, kein Engel und auch kein Meister, sondern sie ist eine Gottheit, die du aus deinem eigenen Bewusstsein hervorrufst, und die dir einen Aspekt von dir selbst offenbart. Es beginnt mit dem, was die Esoterik eine Gedankenform nennen würde, aber als Ebenbild Gottes erschaffen.

Deine Praktik jedoch hebt sie darüber hinaus. Durch Meisterung dieser Praktik kannst du an mehreren Orten und mit mehreren Schwingungsraten gleichzeitig sein, und auch die physische Ebene meistern. Der Zweck dessen ist nicht, die Meister zu ersetzen, sondern dir zu helfen, die gleiche Quelle anzuzapfen wie die Meister. Du solltest lernen, das zu tun, was die Meister tun, statt dich auf sie in allem zu verlassen – denn nur durch das Praktizieren der Meisterschaft wirst du ein Meister. Eine Gottheit zu erschaffen, ist eine Tätigkeit deiner eigenen Gottes-Macht, denn du bist SCHÖPFER, du bist eine Verkörperung von selbst-existentem, angeborenem, unbegrenztem Bewusstsein. Dieses befähigt dich, zu sein, was immer du sein willst, dich immer wieder neu zu erschaffen, in welcher Form und mit welchen Eigenschaften auch immer du es wünschst.

Nun wirst du die Violette Tara anrufen und die Violette Tara werden. Sie manifestiert den Aspekt der Göttlichen

---

21 Bei der Vajrayana-Praktik kennt man diese Gottheit als *Yidam,* der eine Manifestation des Bewusstseins ist, und den du in der Meditation erschaffst, um ihn als Aspekt deiner selbst zu erkennen.

Mutter, die Unwissenheit, Urteile, negative Energien auflöst, und alles, worauf ihr Blick ruht, in einen höheren Zustand der Reinheit und Vollkommenheit erhebt. Ihr Bewusstsein ist überall und immer gegenwärtig, gerade so, wie
violettes Licht im weißen Licht immer vorhanden ist – so
ist sie in unserem Bewusstsein präsent und wartet darauf,
angerufen zu werden. Du siehst violettes Licht erst dann,
wenn weißes Licht durch ein Prisma oder einen Regentrop-
fen hindurchgeht und seine einzelnen Farben abgelenkt
werden. Da die Göttliche Mutter alles in der Natur geboren
hat, ist das violette Licht eine ihrer Ausdrucksformen, so
wie die Blumen auf der Erde es sind.

Saint Germain als der Chohan (Leiter) des Siebenten
Strahls hilft, diese Aktivität auf der Erde zum Nutzen der
Menschheit zu leiten. Aufgrund seiner Initiative hat ihm
der Rat des Lichts erlaubt, diese Aktivität seinen Schülern
zu lehren. Er nimmt nun unsere Unterstützung in Anspruch, diese reinigende Aktivität zu manifestieren. Auch
ohne den hier gegebenen Schritten zu folgen, kannst du
immer die Violette Verzehrende Flamme mit deinen eigenen aufrichtigen Gedanken und Aktionen anrufen. Die reinigende Aktivität der Violetten Flamme findet bis zu einem
gewissen Grad bei der Meditation von selbst statt. Jedoch
verstärken die hier gegebenen Praktiken die Aktivität in einem viel höherem Maß.

Das Erschaffen einer Gottheit beginnt auf dieselbe Art,
wie alles Erschaffen stattfindet – mit einer Vision. Dann
kommt das verbale Aussprechen dessen, was du wünschst
(durch Affirmation oder Mantra) – dann kommt das An-
nehmen.

Visualisiere das, was du möchtest. Ein Künstler beginnt
mit einem geistigen Bild; ein Schreiner, der einen Stuhl bau-

en will, beginnt mit einem Gedanken an einen Stuhl. Du fokussierst in diesem Fall den Gedanken und das Bild der Violetten Tara.

BITTE UM ERMÄCHTIGUNG

Geliebter Meister Saint Germain,
bitte ermächtige diese Gottheit und mach sie real;
Manifestiere die Violette Tara in meinem Leben,
jetzt sofort, ganz sich-selbst-erhaltend,
eine lebende Göttin,
zum Wohl aller!

Dann rufe die Göttin Tara an, die nun anwesend und sich deiner voll gewahr ist:

ANRUFUNG

Oh, Große Violette Tara, Geliebte Göttliche Mutter,
die du eine Emanation des Lichts bist,
aus dem Herzen der Schöpfung, mit der ich Eins bin,
Ich flehe dich an, gib dein Violettes Feuer der Reinigung frei,
durch meinen Geist, meine Gefühle und die Welt.
Reinige und verwandle, wo es in diesem Augenblick nötig ist!
Ich danke dir!
Ich weiß, es ist getan!

DIE TARA WERDEN

Widme deine vorgesehene Aktion dem Wohl der Menschheit.[22] Trete ein in friedvolles Gewahrsein, frei von Gedanken, und erlaube deinem Geist, sich in der empfindsamen Stelle nahe deinem Herzen zu beruhigen. Sieh dich in einem schönen Amethyst-Tempel mit Amethyst-Säulen und einem Boden aus weißem Marmor sitzen. Außerhalb des Tempels stehen die Herren der zehn Richtungen. Am Himmel über dem Tempel sind die Sieben Mächtigen Elohim der Strahlen.[23] Diese sind die Repräsentanten der Sieben Geister der Schöpfung, die *Saptarishis* oder *Elohim,* auf der Erde.

Wiederhole im Innern:

Ich bin die Violette Tara!

Wiederhole ihr *Mantra* (Sanskrit: Schutz des Geistes) einhundertacht Mal mit großer Liebe, und fühle ihre Energie um dich und durch dich auflodern:

Ich bin Tara aus Violettem Feuer,
Ich bin die Reinheit, die Gott begehrt!

---

22   Es gibt eine alte tantrische Praxis, um eine Ego-Verminderung zu erlangen, bei der der Körper und alle Gedanken des Selbst den Göttern als Nahrung angeboten wird.

23   *Elohim* (Hebräisch), *Rishi* (Sanskrit).

Du kannst auch einhundertacht Mal das Sanskrit-Mantra rezitieren, das sich auf alle Taras bezieht, einschließlich der Violetten Tara.[24] Konzentriere dich auf die Schwingung, statt auf die mentale Bedeutung:

Om Tare Tutare Ture Swaha.

(Auch wenn die genaue Bedeutung mit Worten nicht ausgedrückt werden kann, so kann sie doch ungefähr so übersetzt werden: Geliebte Mutter-Göttin, bitte wohne in meinem Herzen und hilf mir alle Wesen von Leid zu befreien.)

Um Ihren Segen zu übertragen, wiederhole, während du dich noch als Violette Tara manifestierst:

Ich bin die Violette Tara,
Strahlende Göttin aus dem Herzen der Schöpfung.
Ich gieße Liebe aus, Reinheit, Weisheit und Vergebung,
wo sie gebraucht werden,
und verwandle alles in seine innewohnende Vollkommenheit,
und bringe Gottes Göttlichen Plan auf die Erde
in diesem Augenblick!
So sei es!

Halte gleichzeitig deine Konzentration auf die Flamme in der Mitte deiner Brust, und auch auf die Göttin vor dir

---

24 *Mantra* (Sanskrit: Schutz des Geistes). Durch Rezitieren von Sanskrit-Mantras schützt du deinen Geist und bringst ihn in Einklang mit einem höheren Zweck.

gerichtet. Fühle die Strahlen Violetten Lichts aus ihrem Herzen in deines strömen. Es ergießt sich immer mehr Liebe aus ihr zu dir. Sie vergibt dir bedingungslos und fühlt deine Liebe und Dankbarkeit für sie. Ihre Liebe wird immer intensiver, bis sie sich vollständig zu Violettem Licht auflöst. Sie verschmilzt mit deinem eigenen Herzen, deinem Geist und deiner Seele. Nun bist du die Violette Tara. Strahlen Violetten Lichts entspringen aus deinem dritten Auge, deinem Herzen und deinen Handflächen und strahlen in alle Richtungen, überall hin, in alle Dimensionen und Universen. Du bist nun die Göttin im Zentrum der Schöpfung.

Gleichzeitig verwende das Mantra, das Mudra und die Visualisation: Rezitiere das Mantra; strecke deine Hände aus, um das Violette Licht zu übertragen, und visualisiere das Violette Feuer, wie es dorthin geht, wo du es haben willst.

Nun erhöhen deine Gnade, deine Vergebung und deine Reinigung alle zu ihrer innewohnenden Vollkommenheit. Gebrauche deine Energie, um alle Unvollkommenheit, Unwissenheit und alles Leiden sofort aufzulösen und zu verzehren.

AUFLÖSUNG

Löse deinen Göttin-Aspekt allmählich auf und kehre zurück zur begriffslosen Selbst-Wahrnehmung. Schaue mit geöffneten Augen auf den Raum vor dir. Sitze mit begriffsloser Wahrnehmung da, und wisse, dass alle anderen du selbst sind. Du bist ruhig und voller Frieden, erfüllt mit dem Nektar der Göttin. Ihre Energie ist in dir, und strahlt durch dich hindurch, um andere zu segnen, wo immer du hingehst.

Als Option kannst du am Schluss der Praktik diese Realisierung einen Schritt weiterführen, indem du die Violette Tara bittest, über deinem Kopf zu verweilen. Visualisiere sie sitzend auf einer Mondscheibe, ruhend auf einer Sonnenscheibe in einer Lotusblüte über deinem Kopf. Bitte sie, jeden zu segnen, dem du begegnest oder an den du denkst. Bitte sie: „Geliebte Göttin, bitte handle während des Tages eigenmächtig, wo es nötig ist."

Die Menschen werden ihren Segen spüren und sich fragen, was mit ihnen geschieht. Verstärke diese Aktivität, indem du ihr Mantra sprichst oder still sagst:

ICH BIN die Violette Tara in Aktion, hier und jetzt!

Sie wird dann die Violette Verzehrende Flamme manifestieren und ausstrahlen, Disharmonie auflösen und verzehren, und Liebe ausstrahlen, ohne jede Bemühung deinerseits. Auf dieselbe Weise kannst du auch Saint Germain anrufen, der dein älterer Bruder ist, und der dieselbe Arbeit mit der Violetten Flamme auf vielen Ebenen der Existenz ausführt. Er wird für deine Hilfe dankbar sein, denn er ist sehr beschäftigt. Diese Praktik wird, wenn sie regelmäßig und mit Hingabe ausgeübt wird, nicht nur dich reinigen und erheben, sondern die ganze Menschheit.

DANK

Wir sagen Dank, oh, Tara,
für deine Gnade, Führung und deinen Segen.
Bitte hilf uns, deiner zu gedenken.
Sei immer bei uns!
Wir danken dir.

ANMERKUNG

Diese Praktiken sind kraftvolle Hilfen zur Erleuchtung und Befreiung, wenn sie richtig ausgeführt werden. Ihr grundlegendster Zweck ist es, den Geist zu trainieren, das Ego zu unterwerfen und Mitgefühl zu erzeugen. Wenn du fühlst, dass diese Qualitäten zunehmen, dann weißt du, dass du richtig praktizierst. Wenn sie dir zu kompliziert erscheinen, kannst du es so machen, wie Jesus es seinen Anhängern vorschlug, als sie ihn baten, seine Lehre zu vereinfachen:

> *Liebe Gott von ganzem Herzen, mit Seele und Geist.*
> *Liebe deinen Nächsten wie dich selbst.*

Wenn das zu schwierig ist, versuche einfach, anderen zu helfen.

Die Natur des Geistes

Indem der wirkliche Buddha das reine Gewahrsein des Jetzt ist, fand ich in der Offenheit und Zufriedenheit den Lama in meinem Herzen. Wenn wir erkennen, dass dieser nicht endende natürliche Geist die eigentliche Natur des Lama ist, dann gibt es keinen Bedarf für anhaftende, ergreifende oder weinerliche Gebete oder unechte Klagen. Durch einfaches Entspannen in diesem ungekünstelten, offenen und natürlichen Zustand erhalten wir den Segen zweckfreier Selbst-Befreiung von dem, was immer sich zeigt.

Keine Worte können es beschreiben,
kein Beispiel kann es aufzeigen,
Samsara macht es nicht schlechter,
Nirvana macht es nicht besser,
es wurde nie geboren,
es ist nie gestorben,
es wurde nie befreit,
es wurde nie getäuscht,
es hat nie existiert,
es war nie nicht-existent,
es hat überhaupt keine Begrenzungen,
es passt in keine Kategorie.

– Dudjom Rinpoche

KURZFASSUNG DER PRAKTIKEN DER VIOLETTEN TARA

- Richte deine Aufmerksamkeit nach innen und begebe dich in einen Zustand des nicht-dualen Gewahrseins.

- Visualisiere vor dir die Violette Tara, und wie Myriaden Violetter Lichtstrahlen aus ihrem Herzen und den Handflächen ihrer ausgestreckten Hände strömen.

- Bitte Saint Germain, deine Visualisierung und Praktik zu ermächtigen.

- Anrufung der Violetten Tara: Geliebte Göttin, gebe dein Violettes Feuer der Reinigung durch mich frei und löse alles auf, was weniger als Vollkommenheit ist.

- Verschmelze mit der Violetten Tara und werde sie. Meditiere auf und wiederhole im Innern: ICH BIN die Violette Tara.

- Wiederhole das Mantra während du dein Einssein mit der Violetten Tara fühlst:
Ich bin die Tara des Violetten Feuers.
Ich bin die Reinheit, die Gott wünscht.

- Wiederhole das Sanskrit Tara-Mantra (optional):
Om Tare Tuttare Ture Swaha (108 Mal).
(Ich bitte dich, Große Mutter, die du die
Verkörperungen aller erleuchteten Tat bist, in
mir zu weilen und alle Wesen überall zu segnen.)

- Übertragung Ihres Segens: Ich bin die Violette Tara

und ergieße meinen Segen überall, wo er
gebraucht wird. So sei es!

- Löse die Visualisierung auf und kehre zurück zum
  wachen Gewahrsein.

- Bitte die Violette Tara, über dir zu verweilen, auf
  einer Mondscheibe und Sonnenscheibe sitzend in
  einer rosa Lotusblüte, und bitte Sie, an diesem Tag
  vor die herzugehen und alle zu segnen.

- Fühle und bringe deine Dankbarkeit für die Violette Tara zum Ausdruck.

Peter Mt. Shasta und Yongdu, Samye Kloster, Tibet, 1997

Zur Person des Autors

Peter Mt. Shasta ist in Spirituellen Kreisen bekannt als jemand, dem das Privileg zuteilwurde, von Göttlich freien Wesen, bekannt als Aufgestiegene Meister, kontaktiert und über Jahre geschult zu werden. Er wuchs in der Beatnik-Ära in einem Vorort von New York auf, erwachte spirituell durch Praktizieren von Yoga und reiste 1971 nach Indien, wo er Baba Ram Dass, Neem Karoli Baba, Anandamay Ma, Shivabalayogi, Sathya Sai Baba und viele andere Yogis, Siddhas und erleuchtete Wesen traf. Sathya Sai Baba leitete ihn an, auf das „ICH BIN" zu meditieren, das Bewusstsein, in dem alle spirituellen und religiösen Wege vereint sind. Nachdem er aus Indien zurückgekehrt war, erschien ihm während einer Meditation in Muir Woods nahe San Franzisco der Aufgestiegene Meister Saint Germain in physischer Form und bot ihm eine persönliche Schulung an. Er wurde aufgefordert, seinen Wohnsitz in dem Spirituellen Brennpunkt Mount Shasta zu nehmen und sich fortan Mt. Shasta zu nennen. Hier wurde er zusammengeführt mit seiner Lehrerin Pearl Dorris, einer früheren Assistentin von Godfre Ray King, (Autor von ‚Enthüllte Geheimnisse'). Seine Lehre im Dienst der Aufgestiegenen Meister dauerte zwölf Jahre, in dieser Zeit musste er durch verschiedene existentiell herausfordernde Erfahrungen gehen und wurde auf Missionen geschickt, deren Bemeisterung ihn der Gott-Gegenwart im eigenen Inneren, dem ICH BIN, immer näher brachten. In seiner zweibändigen Autobiografie ‚Abenteuer eines Westlichen Mystikers' hat er diese Erfahrungen und seine Zeit in Indien niedergeschrieben.Peter Mt. Shasta lebt in Mount Shasta, wo er als Spiritueller Lehrer tätig ist.